U0897138

Language Education and Culture Communication

Volume 2

语言教育与文化传播

第2辑

主　编　马晓乐

副主编　孔　梓　崔依冉

山东大学出版社

SHANDONG UNIVERSITY PRESS

·济南·

图书在版编目(CIP)数据

语言教育与文化传播. 第 2 辑 / 马晓乐主编 ；孔梓，崔依冉副主编. -- 济南 ：山东大学出版社，2024. 12.

ISBN 978-7-5607-8558-5

Ⅰ. H09

中国国家版本馆 CIP 数据核字第 202414G4T8 号

策划编辑　刘　彤

责任编辑　朱若翌

封面设计　王秋忆

语言教育与文化传播　第 2 辑

YUYAN JIAOYU YU WENHUA CHUANBO DI 2 JI

出版发行　山东大学出版社

社　　址　山东省济南市山大南路 20 号

邮政编码　250100

发行热线　(0531)88363008

经　　销　新华书店

印　　刷　济南乾丰云印刷科技有限公司

规　　格　720 毫米×1000 毫米　1/16

　　　　　16 印张　222 千字

版　　次　2024 年 12 月第 1 版

印　　次　2024 年 12 月第 1 次印刷

定　　价　56.00 元

《语言教育与文化传播》编委会

（按姓氏音序排列）

目录

语言研究

教育研究

传播研究

国别研究

语言研究

现代汉字"区别符"分析

史有为　杨大方*

【摘要】 现代汉字整字与部件是符号的两个不同层次，其文字功能并不相同。部件是由笔画构成的一种具有紧密空间关系的汉字结构件，是参与构成汉字的效率构件。构字理据和符号功能是两个不同范畴。部件一般分为音符、意符和记号三种。从功能角度看，记号应称为区别符。我们从中等认知角度对繁简汉字的部件区别符进行了初步的认定、分类与统计，得出区别符占比上升、表音度和系统性下降的结论。从人的心理与使用角度看，汉字既要简单明了，又要有系统性。这是个两难之选。在新技术条件下，应该寻找新的道路，以摆脱汉字带来的困惑，以利于汉字教学和汉语二语教学。

【关键词】 现代汉字；汉字部件；区别符/记号；繁简字区别符统计

一、汉字与汉字部件

（一）缘起

现代汉字，在本文中指隶变以后的楷体汉字，特指中国现代社会生活中所使用的汉字，这些汉字可以是繁体的，也可以是简体的。传统文字学以六书为分析的框架。但即使以古代汉字为对象，六书也已力不从心。汉字发展到现在，已经越来越脱离开六书。古代的象形字，到了现代，也已经成为一种纯粹的记号，只有循着历史的足迹才能找到象形之原形。指事字大都也已经归结为整体的符号，必须拆开去解释，才勉

* 作者简介：史有为，山东大学教育高等研究院研究员；杨大方，中央民族大学副教授，文学博士。

强说得清最初何以是指事。只剩下会意、形声，还可以将就担当，还有不少字已经说不清什么了。因此很早就有学者提出“记号”一名来解释。近几十年有许多讨论“记号字”（如“头、齐”）的文章，还有对“记号化”的探讨，有多种“半记号字”（除记号外同时含有意符或音符的汉字）的提法，还有统计记号字的占比。① 这些都说明汉字研究的状况。

最早在中国文字著作中使用“记号”一名的可能是唐兰先生。他在《中国文字学》里说：“图画文字和记号文字本是衔接起来的，图画演变的过于简单，就只是一个记号。”②之后，文字学界里一直流行“记号”一名，古文字学家的朱德熙先生就经常说起汉字里作为整字和构件的“记号”。

笔者走了一条不大一样的路。我们尝试统计了两个简化字表中繁简汉字的“表音度”③，提出了“音符、义符、指别符”三种结构元④。其中“指别符”就相当于“记号”。我们又从繁简对比角度对“指别符”进行了分析和统计。⑤ 这些探索都有所不足，希望本文能就此弥补。本文拟在以下四个方面有所进步：其一是记号的功能，其二是记号的类别，其三是简化后记号的占比，其四是对记号扩容的理性评断。

以往的讨论大都侧重整字，我们的重点则是分析部件。这是一种

① 参见张玉金：《汉字结构的发展方向》，《语文建设》1996 年第 5 期；黄亚平、孟华：《汉字符号学》，上海古籍出版社 2001 年版；柳建钰：《记号字、半记号字及其在现代汉字中基本情况探讨》，《宁夏大学学报》（人文社科版）2005 年第 4 期；柳建钰、楼兰：《现代 3500 常用字中的记号字及半记号字调查——兼论现代汉字记号化的成因及影响》，《渤海大学学报》（哲学社会科学版）2007 年第 4 期；甄婷婷：《现代汉字中的记号字》，《现代语文》（语言研究）2008 年第 4 期；杨润陆：《现代汉字学》，北京师范大学出版社 2008 年版；周吉珍：《现行简化字常用记号研究》，福建师范大学硕士学位论文，2009 年；杜鹃：《现代汉字构字法探析》，四川外国语学院硕士学位论文，2010 年；黄维：《现代汉字记号字研究》，河北大学硕士学位论文，2011 年；袁田田：《多角度看文字学当中的“记号”定义》，《课程教育研究》（新教师教学）2015 年第 19 期。其中许多人都在统计记号字的占比。例如对常用字字表和次常用字字表共 3500 字所作的统计显示，对记号和半记号字，杜鹃《现代汉字构字法探析》的统计占比最高，为 42.25%，柳建钰《记号字、半记号字及其在现代汉字中基本情况探讨》的统计为 38.97%，杨润陆《现代汉字学》的统计为 37%（约 1364 字），黄维《现代汉字记号字研究》的统计为 36.54%，柳建钰、楼兰《现代 3500 常用字中的记号字及半记号字调查》的统计占比最低，但也达到 36%。记号字已仅次于形声字。有人统计，形声字约占 3500 字的 58%。

② 唐兰：《中国文字学》，上海古籍出版社 2005 年版，第 87 页。

③ 史有为：《简化字与繁体字表音度比较》，（香港）《语文通讯建设》1983 年总第 11 期。

④ 史有为：《汉字的性质、特点与汉字教学》，《世界汉语教学》1987 年第 3 期。

⑤ 史有为、杨大方提出的“指别符”，相当于本文的“区别符”。（史有为、杨大方：《现代汉字中的“指别符”》，北京市语文现代化研究会：《现代汉字论丛》，内部印行，1991 年）本文的“指别符”另有所指。本文实际上是对前文在概念和术语上的纠正，也是对前文的替代。

结构描写，然而这又是现代汉字绕不开的任务。

(二)部件与偏旁

传统的偏旁对付会意、形声两种字是可行的，但面对许多具有两三个部分，却并非完全是形旁、声旁的汉字，即使不是束手无策，那也是捉襟见肘。因此需要跳出偏旁的传统，重新考虑新的结构解释系统。偏旁部首是一个多数为二分的系统。许慎的《说文解字》就分析出了540部首。后人又将部首以及并非部首而具有表意和表音功能的分称形旁和声旁。这些偏旁部首大多有名称，且可解释。但显然已经不符合今天楷体与简化字的需要，有必要改进。

由于简化字里出现了大量的纯粹符号，即所谓记号，而这些符号又无法全部收罗在偏旁部首中，这就触及了突破的按键，需要启用另一概念。这个概念就是"部件"。部件并非本文创造。20世纪70年代的汉字编码热潮中，部件一名即被创造出来。部件不是零件，比零件更大些。汉字的零件是单笔的笔画，而汉字的部件是由零件组成的。如果打个比方，那么部件就像英文字母，零件就相当于构成字母的笔画。只是字母是用来拼音组成单词的，而部件是用来组字的。提出部件，并非开除偏旁部首。偏旁部首对于传统的古代汉字还是有解释力的，对现代汉字的教学以及辞书都有积极作用，可以继续使用。

部件是由笔画构成的一种具有紧密空间关系的汉字结构件，是参与构成汉字的效率构件。分离部件的原则如下。

(1)凡一个汉字明显存在若干形体，各个形体内部又明显各有更紧密的空间关系，则该多个形体理论上都是部件。

(2)部件之间有的有分离空隙，有的则被包围或被穿插。只要形体分离后各自有合理的解释，或至少其中之一在其他汉字中再现，即可以认定这些多个形体都是部件。

(3)秉持效率原则，汉字中若有多种形体的拆分，则取数量最少的那种。也就是说，凡有分拆成多个部件的可能，则应尽量取部件数最少的那种。例如“春”，可以分成“三”“人”“日”，也可以分成“二”“大”“日”，还可以分成“𡗗”“日”。我们取最后一种解释。这也可以解释“奉”“秦”等字的构成。

以此审视，一个部件的汉字即为独体字，两个以上部件的是为合体字。这个定义与传统文字学的显然不同。传统的偏旁部首基本上都是部件。部件是个有弹性的单位，不同人会有不同的分解，难以有一个恒定的清单。在汉字编码高潮中有一千余部件的方案，也有二三百部件的方案，还有归并成10个部件的。今天当然也有25部件的主张。部件数量越大，每个部件内的形体变异越少。相反，部件数量越少，每个部件内的形体变异越多。把部件内的变体合起来计算，其总量可能是定数。因此，其需要人记忆的量也基本是恒定的。这些都是编码操作层面的策略。但根据本文上面的三点设定，结果是比较中间的那种，不会走两个极端。

本文目的不是编码，也不是统计有多少部件，而是研究区别符的确定与功能，以及观察简化汉字过程中部件类型的变化，最后得出必要的认识。

（三）文字符号的不同功能

1.指代性与区别性

汉字的整字以及部件都是符号。文字符号的基本功能就是指代，比如“大”这个符号可以用来指代现代汉语里的dà这个音节与语素。符号在由多个符号组成的系统中，又具有区别性。“大”这个符号又可以用来在形体上区别“小”“天”“夫”“一”“人”这些符号。区别性看上去像是附带功能，不值一提，其实却是一种独立功能。例如△区别于□，又区别于▽和○，一般都没有特定的指代对象。仅仅具有区别功能的符号是典型的符号。这是许多论文都没有指出的，更遑论强调。本文就是要强调这种区别度和区别功能。

符号一旦用于文字,那就有了指代性。因此,符号就其基础功能而言,那就是区别。使用于文字,才又具有了指代与区别的双重功能。由此可见,汉字整字的基本功能就是指代—区别,可简称为“代—别”或“代别”[①]功能。英文字母也是符号,其作用也是“指代—区别”,如“B”字母指代英语里[b]这个辅音,又在形体上与“P、D、Q”或“A、E、O”字母相区别。

2.整字和部件的不同功能

整字符号的功能与分解后部件的功能会有某些不同。汉字整字代别功能是因多个汉字形成的系统而存在。不管是合体字还是独体字,整字基本上都会代指语言中的一个音义结合,例如“我”“大”“走”。个别的才需要多个整字组配在一起才能指代一个音义结合,例如“葳蕤”“疙瘩”“馄饨”。整字分解后的部件,其指代功能则相对于该整字的音义而成立。与整字的指代功能相比,有的部件甚至会变得不那么具有指代性。例如“浴”(yù)的“谷”(gǔ)指明该字大致“相关”的发音(浴和谷在古代造字时期应该发音相近),“氵”指明该字的大致“相关”的义类(需要用水才能“浴”)。在不同的汉字中它们的指代功能很少能有完全的指代,大多有不同程度的减弱。有的甚至面目全非,以至于很难再以指代某个音义来解释其功能。尤其是近代的简化,有些偏旁已经完全不再能指代音义了。例如“汉”字的“又”已经不再指代发音了,但它的区别功能并未减弱,例如“江”“河”“海”“洽”中“工”“可”“每”“合”相互区别的功能。

部件的区别功能是相对于另一些汉字的同部位部件而存在的。例如“氵”在“浴”中与“俗”“峪”“裕”中的“亻”“山”“衤”相区别。至于“谷”

① 简称“代别”一则为了更突出“代”的特点,二则也是为了有别于曾经使用过的“指别”,以免误会。

在"浴"中又与"清""河""汉"中的"青""可""又"相区别。它们在整个字中都明显具有区别功能。

有些部件可能在造字之初赋予了"指事"的功能，例如"本"的末笔"一"和"末"的首笔"一"，只是指明"木"(树)的一个部位，并没有像上面所述的那种音义的指代。这种指事功能，在今天看来更应属于"区别"，是"一"在整字中的不同位置，区别了彼此，也定位了自己。

3."记号"的三种使用

记号是什么？一般的解释是"为引起注意，帮助识别、记忆而做的标记"。画个圈，打个勾，底下画条波浪线，在经过的地方留个三角形，都是这种记号。

记号，在中国文字中应该有三个使用的地方。这三处里的记号含义可能不完全一样。

其一，作为文字发展阶段的记号文字。唐兰先生说："截至目前为止，中国文字还不能算是记号文字，因为我们认识一个'同'字，就可以很容易地认识'铜'、'桐'、'筒'、'峒'等字，可见这还是形声文字。"[①]记号文字是在与图画文字和形声文字相对的意义上提出的，是作为"文字制度"而言的。英文只用了26个字母，每个字母都是记号，整体就是记号文字。记号文字是就整体而言的，并不排斥里面还会有少量的非记号字。

其二，作为汉字整字的记号。在构字上没有任何音符或意符的整字就是记号字。记号字应该定位于整字在构字理据上。记号字在功能上依然具有指代性，可以指代语言中的音和义。例如"心""白""力"。

其三，作为汉字部件的记号。这是在整字中仅有区别功能的记号，也即本文所说的区别符。

有些文章往往将整字的记号与部件的记号混为一谈，而且不区别

① 唐兰：《中国文字学》，上海古籍出版社2005年版，第86页。

"记号"在这三种使用环境中的不同功能。

4.关于汉英文字符号

有人说,英文字母是表音的,汉字不是表音的,这种说法在认识上有明显的错误。单个地看,看不到英文字母有哪一部分表音,几乎都只相当于"记号"。反而是汉字,有的可以表音,如"清""请""情""睛""精""倩",只是表音的程度不同而已。如果以字母拼组成的词语(words)来看,那字母指代着某个语音,的确是拼音的,表音的。

我们说英语文字是拼音文字,是就字母之间的拼音关系而言的。汉字不是拼音文字,因为汉字之间的关系并非拼音关系,而是组义和联者关系。

英文字母跟汉字一样都是符号,也都具有代别功能,只是汉字指代的是音节和语素,而英文字母指代的仅仅是音素。因此,从指代角度看,英文字母只能说基本上是音素的指代符号,而汉字则是音节—语素的指代符号。如果指代语音就是表音,那么汉字跟英文字母一样都是表音的,区别的只是表音的尺度大小不同。还有汉字基本上都指代语素,而英文字母基本上不指代语素(除 a 作为冠词外)。二者因此而显出了极大的不同。

(四)关于字符三分

裘锡圭认为,"各种文字的字符,大体上可以归纳成三大类,即意符、音符和记号,跟文字所代表的词在意义上有联系的字符是意符,在语音上有联系的是音符,在语音和意义上都没有联系的是记号。拼音文字只使用音符,汉字则三类符号都使用"[①]。这段广为引用的话,引发了我们下面几点认识。

(1)"字符"的范围。"字符"理应是表示语言中的一种成分而且能

① 裘锡圭:《文字学概要》(修订本),商务印书馆 2013 年版,第 10 页。修订本在这段话里增加了对音符、意符界定的描写,但依然没有消除一些疑点。

够自由运用的文字单位。在中文就是汉字的整字，在英文就是字母。

(2)汉字的整字应该与部件分开认识。汉字里的部件不是字符，部件不符合“表示语言中的一种成分而且能够自由运用”这个条件。正如同拉丁字母里的T是字符，但构成T的是符号却不是字符一样，它们不是同一层次上的符号。将整字与部件混同认识，可能导致对音符、意符的认识混乱。

(3)汉字与英文字母虽然都是字符，但实际上不在同一个层次。汉字指代的是语言单位(语素)与音节，而英文字母基本上只指代音素。

(4)汉字作为音译用字时，才具有“音符”的作用。此时字义才有可能被完全抛弃，例如“沙发”(英语“sofa”)。必须在特殊情况下，汉字才能作为意符，如在日文里用汉字表示日语固有语素或词，即训读的时候，从中国人的角度去看，此时汉字指代语音的功能消失了，只剩下了表意。如“百合”，日语读“yuri”，意思还是百合花。此时认为汉字在中国人眼里已成为意符，也说得过去。

虽然假借字是借用别的汉字，但它也是指代了语素和音节。只是在发生学上不能与其他汉字比肩而立，在构字形体上缺乏理据而已。因此，说假借字就是音符，并不完全合适。

虽然“日”来源于“⊙”，是对太阳的象形，在构字理据上是表意或表形的，但从符号功能角度看却并非意符。构字理据和符号功能是两个不同范畴，不能混为一谈。[①]

(5)字符如果抽取掉指代音义的功能，那就是记号。当汉字或字母都被借用作为一种形状时，才是没有指代音义的记号(区别符)。例如“工字尺”中的“工”，“金字塔”中的“金”，只是用了它们的外形。所读的音并非指代，而是作为记号的称呼。

① 苏培成:《现代汉字构字的理据性》，(香港)《语文通讯建设》1994年总第43期。从构字有无理据性角度论述汉字，是正确的，值得重视。

(6)部件中具有不同程度指代语音或语义功能的是“代别符”，其中指代语音的为“音符”，指代语义的为“意符”。

部件中不具有指代音义功能，仅具有区别形体功能的，称之为“区别符”。这样“音符”“意符”“区别符/记号”三个术语才处于同一命名理据，都是以功能来命名并区分彼此。“记号”一名虽无错误，但在命名上与“音符、意符”并不与“功能”处在同一平面，是一遗憾。

音符、意符为一类，区别符为一类，这两类部件的区别就在于前者多多少少有些指代音义的功能，后者则完全没有指代音义的功能。但它们二者都具有区别功能。这样分类既有利于教学，也有利于对汉字的认识。

文字学界对传统的形旁(意符)和声旁(音符)有许多专门研究，相比之下，对部件的区别符却研究不够。本文将《简化字总表》第一、二表繁体字和简体字作为一个具有代表性的、带有一定随机性的有限集，对其中区别符的使用情况加以统计和分析对比，以期获得一些新的认识。

二、区别符的确定

(一)两种研究角度

从发生学角度历史地研究汉字，跟普通人现实地从通常认知角度认识汉字，完全是两码事。前者是专业的，没有专业训练很难从发生学角度做研究。从发生学角度可以说明汉字为什么现在是这样的，也许还可以预见汉字的未来发展趋势。后者是非专业的。这里所谓“普通人”指的是具有中等文化程度的人，他们受过中学以上的教育，可以熟练掌握汉字，并无语言学文字学训练，会对汉字指指点点。所谓“现实地”就是针对眼下他们使用的汉字，考虑汉字在他们眼中究竟是个什么样，又如何掌握，如何应用。由这样的人，从这样的角度去认识，就是

"中等认知角度"。专业角度会有些弹性或模糊性,很难精确规定或测定,而"中等认知角度"更具弹性。但"中等认知角度"却对汉字研究具有必要性,可以提供另一种论述。本文正是基于这样的角度。

(二)区别符及其具体规定

区别符是现代汉字"合体字"中既不表音也不表意,仅仅起区别字形作用的部件。区别符,即过去常常说的"记号"。

本文对现代汉字字形的分析,建立在当前两种规范字形(简化字表与相对应的繁体字)的基础上,不引入传统文字学里"省形"和"省声"的概念,不拘泥于传统或流行的部首偏旁,完全从部件的概念出发。

根据以上分析字形原则和中等文化程度的认知标准,我们制定出如下确定区别符的具体规定。

(1)汉字演变中完全失去表意作用的形旁。在篆书中充当形旁,由于隶变而面目全非者,已成为一种无效形旁,亦即变成区别符。如"買"()中的上部"罒"(),与原来作为形旁的"网"之形相比,相去甚远,一般人很难把"罒"与"网"联系在一起,会认为"罒"是"買"的义符。相对应的简化字"买",如果与"卖"相比,都分解成两个部件,那么上下这两个部件也只能看作区别符。

(2)汉字演变中完全失去表音作用的声旁。本是声旁,由于生僻或不能单独成字,且又缺乏表音上的类推性,对于一般人来说就变为无效声旁,实际上也成了区别符,如"陸"始见于金文(、),篆文为,部件"坴"在传统分析中被作为声旁看待。虽"坴"意同"陸",但在今天,它不能单独成字,而且表音上也没有类推性,"逵"念 kuí,"睦"念 mù,实际上已成为一个区别符。而到了简化字"陆",部件"击"更与单字"击"没有丝毫的音义关系,就纯粹只剩下了区别功能。

(3)早已被充分"省形"的形旁。部分省略后的形旁(省形),一律算作区别符,如"屬"()除了下面的"蜀"以外的上半部,本来是"尾"的变化。在六书中“属”归于形声，可是今天谁还会去想到在这里还有一条“尾”巴。而简化字“属”成为“尸”和“禹”两个部件的组合，这两个部件不再体现出音义的影子。

再如“壽”，金文、和篆文上部是从“老”的省形，隶书开始笔画分离，变成“士”(老省形)。下部是声旁，原为“畴”的本字，像中间有阡陌小道的田畴，或像田地翻土后的纹路。后来增加“口”和“寸”，口与和嘴巴有关，“寸”即手，同为人体之一部分。传统认为“口”“寸”“义类可通”。但怎么样的“义类可通”，却也费解。在六书中属于形声兼会意。实际上“壽”已经越来越区别化，而到了简化字“寿”，与音义相关的部件已经彻底去除，完完全全地区别化了。

(4)早已被充分“省声”的声旁。部分省略后的声旁(省声)，如果在表音上没有类似性，也算作区别符。如“書”的下部“曰”，传统认为是“者”之省，表声。金文、小篆均可看出“者”的影子。但到了楷书，下面的“曰”还说是声旁就说不过去了。还是归入区别符为好。

又如“龍”，楷书中的部件“立”，传统认为是“童省声”。然而从甲骨文、小篆中，难以看出“童”的影子。本来就是象形字，并无声旁。后来完全是为了增美，在多处加了些想象出来的龙身装饰，无丝毫声旁可寻。至于简化字“龙”，甚至那个可以附会声旁的“立”也没有了，只是一个整体区别符而已。

(5)替代声旁或形旁的单纯性简笔符号。汉字简化过程中出现的、替代形旁和声旁的“记号”，都是区别符，如“凤”中的“又”(替代“鳳”或“鳯”的形旁“鳥”或“一、鳥”)、“邓”中的“又”(替代“鄧”的声旁“登”)。

(6)传统指事字中的指事符号。指事字的归属从来都是模糊的。如果我们在现代字形上分离出两个部件，那就是合体字。否则也只能归入独体。这些观点都可能与传统有所不同。

（三）部件分析的困难

因为我们是按照一个并非特别固定统一，而是带有伸缩性的标准（即现时中等文化基础上的认知）来分析汉字、确定区别符，所以在部件分析过程中会遇到不少困难。一是部件切分上的困难，由于“通常认知角度”并无文字学知识作基础，某些汉字的部件切分会出现莫衷一是的情况，如“微”，甲骨文作，小篆本作，从攴（打击）、（象长发飘扬）声。表示修整头发。小篆又作，就发展成今天的“微”，六书中属于形声兼会意。然而今天这个中间部件已经完全成为区别符了。那左右两个偏旁表示什么也已无从理解。如果跟从字典的部首，“彳”和“攵”算意符，现代普通人可能都会反对。

二是部件功能判定上的困难。由于缺乏文字学的知识背景，可能部件功能的判定会面临许多麻烦，如“虍”这样一个部件，对于具有文字学知识的人来说，一般都认为是声符，而对于没有文字学知识的人来说，情况就会很复杂。大多数以汉语为母语的人可能大体感觉到这些复杂。“虍”（hū）《说文・虍部》：“虍，虎文也，象形。”但是“虍”与“虎”又是什么关系呢？“虎”是“虍”和“几”的组合吗？“虎”明明是象形字演变的结果啊！“虎”在甲骨文是、在小篆是，完全是象形符号的变形，怎么把虎上部变成了“虎皮之文”？剩下的“几”是尾巴还是什么？那么“虎”又算什么字？独体象形？还是新合体（声符“虍”＋区别符“几”）？

换一个字看，“處”，从处、虍声。又认为形声兼会意，又称异文会意。“处”篆文为，《说文・几部》：“処，止也，得几而止，从几、从夂。”古人坐而凭几。本义是止息。但“虍”在“處”里还兼表示什么意义，谁能说清楚？“虍”如果没有意义就不可能有“会意”之说。

又如“阝”这个部件，具备文字学知识的人很容易分成左“阝”和右“阝”两个部分，分别理解它的意义，理所当然把它们当作义符。而对于没有文字学知识的人来说，“阝”作为义符，在诸如“郊”“邻”等字中可能被接受，而在像"際、际""鄧、邓"等字中则较难被接受。

此外，观察角度的不同、理解的不同、方言的不同、一时一地背景的不同和心理状态的不同，都有可能造成汉字部件分析的不同。因此，本文对汉字部件的分析具有一定程度的弹性。

三、区别符的分类

(一)两种分类角度

现代汉字中的区别符也是五花八门、各色各样的。它们有来源的不同，有存在方式的不同。区别符的来源决定了区别符的功能性质，区别符的存在方式反映着区别符的构字方式。区别符在功能上(即是否专职)、在构字方式上(即是否主干)，都可以划分出不同的类型。

(二)专职和兼职的区别符

从功能上看，区别符可以分为专职与兼职两类。专职类区别符(可简称"专别符")是指在任何一个汉字中都只起区别作用的部件，兼职区别符(可简称"兼别符")则是指只在某些汉字中起区别作用的部件。

1.专职类区别符

专别符可分两种。一种是指事字中的指事记号，往往由单笔构成，如"刃"中的一点。这个"丶"尽管也可以有叫名或读音，但在现代汉字里，并不是字。另一种是在汉字字形演变过程中用来代替某些繁复形旁的固定笔画组合，如"赵"中的"乂"、"临"中的"丨"和"𠂉"。这两种专别符有一个共同特点，即只能和其他部件一起才能构成汉字，而不能单独成字。它们是一种粘着部件。

2.兼职类区别符

兼别符也有两种。一种是可以单独成字的，如"写"中的"与"，今天已成了一个区别符，但它又可以单独构成汉字"与"。而且在"屿"字中

"与"又可以成为声符。又如"还"中的"不",是草书楷化而来,还可以用在"环"。可是"不"又是个常用单字。套用语法学的术语,这是一种有条件自由部件。另一种是不能单独成字的,如"这"中的"辶",看不出与"这"有关系,已成为区别符。但"辶"在"过"字中又被认知为义符,因为它与"走"有关。套用语法学的术语,"这"里的"辶"也是一种粘着部件。自由的兼别符大多源于因语言音变而失去表音功能的声旁,粘着的兼别符,更多源于语言发展过程中字义的变化。

(三)基干性和缀附性的区别符

从构字方式上看,区别符同样可分为两大类:基干性区别符(可简称"基别符")和缀附性区别符(可简称"缀别符")。

1.基干性区别符

这是在一个汉字中与其他部件在空间比例上差不多等量的区别符,如"郑"中的"关"。与大部分的义符和音符并列构成整字的基本上就是这类区别符。其中或可再分成小类,但已无多大价值,因此本文从略。

2.缀附性区别符

这是缀附在别的部件(大多是义符)上的区别符,如"办"中的左右两点。缀别符是一个字中的次要部件(就该字形体而言),常常与另一个主要部件相交而纠缠在一起,但多数具有一些指向或指示的功能。但实际上,在某些字中这两种区别符常常较难区分。

(四)类别的对应

区别符里的这两个大类是从不同角度分出的,因此就有可能同一个区别符会分属几种不同小类。有的小类甚至存在某种对应关系。专别符中的固定笔画组合同时也是基干区别符,如"临"中的"𠆢"。专别符中的指示符号同时也是缀别符,如"丶"。兼别符则只能是基干区别符。反过来说,基干区别符中,既有专别符(如"𠆢"),也有兼别符(如

"与")；而缀别符则都是专别符（如"丶"）。换言之，区别符中，只有专别符中指示符号参与构字时，才使用缀附方式，其他都使用复合方式。

具体的分类如表 1 所示。

表 1　区别符分类举例

大类	小类	丶	缶	与	不	辶
专职	指事字的指示记号	+				
	演化成的复合记号		+			
兼职	可单独成字			+	+	
	不可单独成字					+
基干			+	+	+	+
缀附		+				

四、区别符定量分析

本文从现时中等认知角度，对《简化字总表》(1986 年版)第一表（不能类推）、第二表（可偏旁类推）内繁体字和简化字的区别符使用情况进行统计，该统计仅仅是区别符定量分析的试样。由于区别符和音符、意符之间常常有"藕断丝连"的情况，又由于对区别符的分解和认定可以有不同，况且在人工分解和手工统计中可能有一定的差错，因此，本次统计并非定论，仅表示一种趋势。

（一）部件统计总数

本次统计只针对合体字，排除独体字，也不包括 14 个简化偏旁。但独体、合体可以有不同的认定，因此本次统计仅是本文的认识。需要说明的是，合体字并不都是二分结构，还有三分结构乃至多分结构，统计合体字部件数量时，我们充分注意到了这一点。具体结果如表 2 所示。

表 2　合体字及其部件数量比较

	第一表			第二表		
	汉字总数	合体字数	部件数	汉字总数	合体字数	部件数
繁体	365 个	364 个	750 个	138 个	124 个	266 个
简体	350 个	331 个	663 个	138 个	104 个	212 个

(二)区别符情况的统计结果(见表 3 至表 7)

表 3　含区别符字数及所占合体字比例

	第一表			第二表		
	合体字数	含区别符字数	占合体字比例	合体字数	含区别符字数	占合体字比例
繁体	364 个	114 个	131.3%	124 个	99 个	79.8%
简体	331 个	175 个	52.9%	104 个	87 个	83.6%

表 4　使用区别符数量及所占部件比例

	第一表			第二表		
	区别符数	总部件数	区别符占比	区别符数	总部件数	区别符占比
繁体	168 个	750 个	22.4%	172 个	266 个	64.7%
简体	266 个	663 个	40.1%	157 个	212 个	74.1%

表 5　区别符构字地位分类

构字地位	繁简数量			
	第一表		第二表	
	繁体	简体	繁体	简体
基干性	168 个	264 个	172 个	156 个
缀附性	0 个	2 个	0 个	1 个

表 6　区别符功能分类

区别符功能		繁简数量					
		第一表		第二表		总计（重复者不计）	
		繁体	简体	繁体	简体	繁体	简体
专职	指事功能	0 个	2 个	0 个	1 个	0 个	3 个
	组合功能	50 个	53 个	73 个	52 个	118 个	86 个
兼职	成字功能	71 个	88 个	56 个	49 个	110 个	107 个
	无成字功能	10 个	11 个	7 个	5 个	12 个	12 个

说明：在功能分类情况的统计中，同表并同一形体的字其区别符只算一个。

表 7　部件组合概况

部件组合	繁简数量							
	第一表				第二表			
	繁体		简体		繁体		简体	
	字数	部件数	字数	部件数	字数	部件数	字数	部件数
区别符＋区别符	39 个	85 个	84 个	175 个	58 个	126 个	66 个	135 个
区别符＋意符	38 个	45 个	65 个	65 个	26 个	30 个	11 个	12 个
区别符＋音符	37 个	38 个	26 个	26 个	15 个	16 个	10 个	10 个

（三）统计结果所显示的问题

1.区别符上升

（1）形声字占比下降。简体字与繁体字相比，非形声字的数量总的来说增多了，在合体字中所占的比重提高了，相应地，构字部件中的区别符数量也增多了，在部件中所占比重也提高了，这一点在不能类推的第一表简化字中表现得尤为突出。这就造成了形声字占比的下降。

（2）区别符上升的原因。在我们今天看来，繁体字构字部件中的区别符数量不少，非形声字所占的比例也不小，特别是可以类推的第二表繁体字，区别符的数量和非形声字的数量，都分别大大超过了合体字中非区别符的数量和形声字的数量。这表明，现代汉字中的区别符既是字形演变即汉字本身发展的结果，也是字音、字义变化即汉语发展的结果；简化字中出现区别符，主要是汉语发展变化导致的，当然也有汉字隶变简化以及意识所致简化的原因。

2.表音度下降

从区别符的构字方式分类情况看，绝大多数区别符在构字时都采取复合方式，只有极个别的区别符采取缀附方式。这可能是缀附区别符在现代汉字中，其指事作用很小，而形差度也很小的缘故。这一事实也证明现代汉字对字形区别的关注，胜过对汉字表意、表音功能的关注。这一点，在区别符的分布情况中表现得更加清晰。与此同时，区别符的分布情况还表明，在现代汉字的简体字第一、二表中，区别符和意符相结合的数量要比区别符和音符相结合的数量多一些，从而说明第一、二表的简体汉字的表音度比表意度更低。依照史有为①对简化字一、二表（简化字总表的第一表有简体字 352 个，繁体字 369 个；第二表简体字 132 个，繁体字 139 个，其中简化偏旁 14 个，不列入统计）的表音度分析统计，以简体字（484 字）平均值为 3.24，则繁体字（508 字）平

① 史有为：《简化字与繁体字表音度比较》，（香港）《语文通讯建设》1983 年总第 11 期。

均值为 5.98。也就是说，在该两个表范围内繁体字的表音度平均值为 1 的话，简体字的表音度平均值则为 0.54。简化字的表音度差不多降低了一半。照理，还应该有对表意度的统计，但迄今为止尚无人进行。原因是表意度的分析统计比表音度更难、更复杂。但从意符被区别符替代的情况看，表意度的下降是不言而喻的。

3.区别符的无系统性

从区别符的功能分类情况，我们看到，第一、二表现代汉字中，无论是可以类推做偏旁的字，还是不能类推做偏旁的字，无论是繁体字，还是简体字，都有相当数量担任区别符。不表意不表音的组合类区别符，区别字形的职责明确，但增加了构字部件的数量。区别符是没有系统的。简化字又增加了区别符的这种无系统性。

成字部件和不成字的部首，都可能被认作意符或音符，也可能就是区别符。这实际上增加了区别符的无系统性。这在汉字认知上或识字学习上都很容易给人们带来困难或混乱。

五、区别符作用再认识

(一)从发展看区别符

区别符是汉字演变和汉语发展的产物，但反过来，它又对汉字产生影响。

1.区别符作用两面看

总的来说，区别符的使用减少了汉字的笔画，简化了汉字的结构，特别是简体字中的区别符，这种作用最为明显。有人做过统计，表明经过简化，汉字的笔画减少了近一半。其中，区别符的作用是不可忽视的。即使在繁体字中，许多区别符也是省形和省声造成的，它们客观上起到减少汉字笔画和简化汉字结构的作用。

然而与此同时，区别符的使用也给汉字带来了不少消极影响。首先它降低了现代汉字的整体表意度和表音度，使原来的形声字等能够表音或表义的字变得不再能表音或表意；其次，由于部件笔画减少，整个现代汉字体系中的构字部件数量增加了，而现代汉字的形差度（字形比差度）却降低了；最后，一些区别符是临时性的兼字，它们还能在别的字中充当意符或音符，有些还能单独成字，这就造成了现代汉字体系上的某些混乱，也给认读汉字带来了某种程度的消极影响。

2.区别符影响汉字性质

从定量的角度看，区别符的存在对现代汉字的性质也产生着影响。由于区别符的大量使用，现代汉字和古代汉字相比，性质上已有所不同。当然，汉字的最根本性质并没有变，汉字发展到现在，还是方块平面上的语素—音节文字。但是，我们至少在构字角度上已经不能说现代汉字仍是象形文字或表意文字。

（二）区别符对于汉字的结构分析

区别符的出现，使我们不得不改变分析汉字结构的方法，传统对汉字结构的分析方法“六书”和部首偏旁分解，都是建立在汉字严格的意—音系统的基础上，由于区别符的使用，这种严格的意—音系统已不能涵盖全部汉字，因此，我们对现代汉字的分析方法不能不加以改变。这方面已有许多有益的探索，而这些探索有一个共同的特点，就是对汉字的结构进行“据形切分”，改变了以往分析汉字结构时“据义切分”的传统，给人以耳目一新之感。

（三）区别符对于汉字学习

区别符对人们学习、接受汉字，既有好处又有不便之处。一方面，简体字中的区别符，大多是替代了那些较繁复的结构，这给学习者记忆汉字、书写汉字带来了好处。另一方面，区别符不表音、不表意，缺乏类推性，毫无理据，加上有些区别符在现代汉字中同时又是意符或音符，所以又给学习者在认识和理解汉字上增加了负担。另外，区别符由于形差度降低，识别的难度必然增加，也可能给学习者带来消极影响。

（四）区别符对于信息处理

区别符给汉字信息处理带来的影响有积极的一面，但更多的是消极的一面。比如，区别符使汉字笔画减少、汉字结构简化，从某种意义上说，对屏幕显示和汉字打印有利。从另一方面看，计算机对现代汉字的处理，无论是采取字形识别还是语音识别，都要求较高的清晰度，对于字形来说，所谓的清晰，就是整个文字体系形差度大，较少重码；对于字音来说，清晰则是指语音标示得明确和一致，系统性强。然而我们看到，区别符恰恰是在这些方面不能尽如人意。

六、远望和愿望

（一）区别符形势总评

如果我们对区别符有了统计学上的初步研究，无疑会增进对汉字符号的认识，让我们的认识更贴近汉字的真实，而不会人云亦云地重复一些套话，或乱说一些不负责任的胡话。

在汉字适应社会生活的演变过程中，人们有着一对矛盾的要求：既要简单明了，又要具有系统性。这是个两难之选。

在汉字隶变后的不断演变中，区别符占比不断提高，已达第一表40.1%、第二表74.1%，还增加了一些新的区别符。但它却又充当了一个并不十分完美的角色。简则简矣，却加深了整个系统的紊乱程度。的确，繁体字中相当一部分形旁和声旁，经过语音和语义演变，对于现在的人们来说，已成了事实上的区别符。繁体字简化，虽然势在必行，但是依靠更换或新增区别符让汉字更简单的办法，似乎并不合算。由此观之，在单纯地保证简单明了这一前提下发展汉字，使汉字丧失更多的系统性，显然是不可取的。

简化字的笔画是减少了，但部件增加了，尤其是无理化的部件或区别符增加了。这对初学汉字的负担不容忽视，对中文二语教学的负担更不容忽视。

在汉字演化（包括简化）过程中，我们过多注重于笔画多寡，而忽视了区别符之间的区别度。像“已、己、巳”这种情况早就被发现，但根本没有人提出要优化。简化中出现“没有”和“设有”的误读，也被人忽视。这确实很遗憾。适当提高区别度或形差度，也应该是汉字演化所关心的。这些都与教学，尤其是二语教学的推进有相当的关联度。

以往的汉字简化已生米煮成熟饭，一时很难变更。重要的是，未来我们在处理汉字时应该更加慎重，必须高度重视文字的系统性原则，重视各方面的意见，全面地考虑问题，而不能再重走以前的老路。

（二）新科技下看区别符

今时不同往日。数字化和人工智能技术已经渗透我们的生活，许多书写困难在新科技面前显得那么渺小。不但语句拼音可以转换为全汉字，甚至语音与汉字也完全能相互转换。在新科技下，字符认知已提高到了首要地位。同时，在新科技的加持下，新的汉字教学法也已在多地开发实验。从这个角度看，繁简之争已无必要，简化以及增加区别符更无必要。如果没有科技的眼光，没有开阔而远大的眼光，我们将会再次落后于时代，甚至会让中文成为世界第二通用语的理想永远停留于口号。

量化分析鉴别方言成语*

郭　骏**

【摘要】 文章以南京江宁方言熟语四字式条目中的成语确认为例，尝试运用量化分析的方法鉴别汉语方言成语。先借助常用通语成语词典与网络学习平台筛选出江宁方言熟语四字式中可能为成语的条目；然后确立成语特征项，设立特征指数，逐条统计所选条目的特征指数，依据特征指数与具体标准确认其是否为方言成语；并依照方言成语典型度与通语对方言影响情况分别划分所确认成语的类别，以揭示其各自具体的呈现状态。此研究从方法论视角对方言成语与非成语的区分，乃至对通语成语与非成语的区分进行了有益探索，并提供了有价值的研究案例；同时，对推动方言熟语研究走向深入也具有一定的积极意义。

【关键词】 江宁方言；四字式；方言成语；量化分析

引　言

已有文献显示，方言成语研究始于20世纪80年代，主要开展的是个案研究。同时，学界对方言成语的名称、性质和特征的认识与对通语成语性质和特征的认识一样，也经历了一个由模糊逐渐走向清晰，又仍未完全达成共识的发展过程。其过程大致可分为五个阶段：四字格、熟

* 本文系国家社科基金项目“基于语料库建设的江西赣方言语法地图编制与研究”(项目编号：21BYY012)的阶段性成果。曾在“成语文化传播与国际中文教育”学术研讨会暨第七届中华成语文化论坛、第八届汉语语汇学学术研讨会、国际城市语言学会第21届学术年会发表，收录时有删节。

** 作者简介：郭骏，三江学院文学与新闻传播学院/南京晓庄学院文学院教授，硕士生导师。

语/俗语、类成语、俗成语、成语，详见表 1。

表 1　认识方言成语性质特征所经历的五个阶段

认识阶段		研究情况	数量（篇/部）
四字格	方言四字格	侯精一[1]、邢向东[2]、李淑珍[3]、武燕[4]、李丽平[5]、朱燕英[6]	6
	四字格词语	杨苏平[7]、任永辉[8]、芜崧[9]	3
熟语/俗语	四字格俗语	靳雨[10]，王立和[11]，陈遵平[12]，蔡文婷[13]，赵红芳、杨苏平[14]，李金梅[15]，王世红[16]，谢晓雪[17]	9
	四字式熟语	马文忠[18]	1
	俚语型熟语	寿纪芳[19]	1
类成语		任志萍[20]	1
俗成语	方言俗成语	徐波[21]，王利[22]，刘红霞、吕勇兵[23]，聂志[24]	5
	方言四字格俗成语	张莉[25]、钟敏[26]	2
成语	方言中的成语	张文轩[27]	1
	方言四字格成语	吕世华[28]、汤志祥[29]、温旭霞[30]	3
	方言四字成语	姚勤智[31]	1
	方言成语	邢向东[32]，周荐[33]，姚勤智[34]，林华东[35]，冯常荣[36]，李小平[37]，李林浩[38]，张光明[39]，俞允海[40]，杜晓文[41]，冯娟[42]，陆侠[43]，落常厚[44]，王健、张云艳[45]，车飞[46]	15

注：[1]侯精一：《平遥方言四字格释例》，《语文研究》1980 年第 1 期。

[2]邢向东：《神木方言四字格例释》，《内蒙古师大学报》（哲学社会科学版）1993 年第 2 期。

[3]李淑珍：《山西方言四字格的语义特点及其认知研究》，《忻州师范学院学报》2007 年第 4 期。

[4]武燕：《鄂尔多斯市达拉特旗 A 眉 C 眼式四字格的特点》，《忻州师范学院学报》

2007年第1期。
[5]李丽平:《山西大同方言四字格的贬义性与其结构的关系》,《丝绸之路》2009年第10期。
[6]朱燕英:《探析具有褒义色彩的大同方言四字格》,《中国民族博览》2019年第5期。
[7]杨苏平:《隆德方言四字格词语音义例释》,《固原师专学报》(社会科学版)2006年第4期。
[8]任永辉:《宝鸡方言四字格词语初探》,《咸阳师范学院学报》2016年第5期。
[9]芜崧:《试论荆楚方言中四字格词语的特点》,《长江大学学报》(社会科学版)2018年第4期。
[10]靳雨:《忻州方言四字组俗语的构成方式和修辞特色》,《语文研究》1986年第1期。
[11]王立和:《吉林方言中的四字格俗语》,《吉林师范学院学报》1994年第2期。
[12]陈遵平:《遵义方言四字格俗语例释》,《遵义师范学院学报》2003年第2期。
[13]蔡文婷:《浅谈东北方言四字格的结构及修辞特点》,《呼伦贝尔学院学报》2006年第5期;蔡文婷:《呼伦贝尔方言四字格俗语初探》,《延安职业技术学院学报》2014年第4期。
[14]赵红芳、杨苏平:《灵武方言四字格俗语释例》,《宁夏师范学院学报》(社会科学)2011年第4期。
[15]李金梅:《高平方言中的四字格俗语》,《长治学院学报》2012年第3期。
[16]王世红:《酒泉方言四字格俗语结构类型探析》,《文化产业》2020年第20期。
[17]谢晓雪:《昭通方言四字格俗语例释——昭通方言词汇调查》,《科学咨询》(科技·管理)2022年第9期。
[18]马文忠:《大同方言四字格释例》,《大同高等专科学校学报》1999年第1期。
[19]寿纪芳:《绍兴方言中的四字格》,《绍兴文理学院学报》1998年第2期。
[20]任志萍:《四川方言中的类成语短语分析》,《乐山师范学院学报》2001年第2期。
[21]徐波:《舟山方言俗成语修辞考察》,《浙江海洋学院学报》(人文科学版)2002年第4期。
[22]王利:《山西长治方言俗成语的修辞特点》,《山西大同大学学报》(社会科学版)2012年第2期。
[23]刘红霞、吕勇兵:《论河曲方言俗成语的语义特点》,《吕梁学院学报》2017年第5期;刘红霞、吕勇兵:《河曲方言俗成语的语义认知机制:隐喻和转喻》,《名作欣赏》2017年第36期。
[24]聂志:《百年贵阳方言俗成语研究》,《遵义师范学院学报》2023年第1期。

[25]张莉:《晋西北方言四字格俗成语探究》,上海师范大学硕士学位论文,2008年。
[26]钟敏:《常州方言四字格俗成语释例》,《江苏理工学院学报》2018年第1期。
[27]张文轩:《兰州方言中的成语——兰州熟语简介(二)》,《兰州大学学报》(社会科学版)1986年第4期。
[28]吕世华:《包头方言四字格成语的构成方式》,《阴山学刊》(哲学社会科学版)1991年第2期。
[29]汤志祥:《广州话四字格词语研究》,《深圳大学学报》(人文社会科学版)1993年第3期。
[30]温旭霞:《宁武方言四字格成语的构成特点》,《山西煤炭管理干部学院学报》2009年第2期。
[31]姚勤智:《平遥方言四字成语的构成方式》,《语言科学》2003年第5期。
[32]邢向东:《神木方言四字格的结构和语法、修辞特点》,《内蒙古师大学报》(哲学社会科学版)1992年第1期。
[33]周荐:《成语规范问题谈略》,《汉语学习》1998年第3期。
[34]姚勤智:《平遥方言成语例释》,《忻州师范专科学校学报》1999年第4期。
[35]林华东:《闽南方言成语简论》,《福建师范大学学报》(哲学社会科学版)2006年第4期。
[36]冯常荣:《东北话的特点及流行特色》,《东北史地》2008年第1期。
[37]李小平:《论汉语方言成语的性质》,《语文研究》2009年第1期。
[38]李林浩:《潮汕方言成语特点探析》,《韩山师范学院学报》2009年第5期。
[39]张光明:《忻州成语词典》,上海大学出版社2012年版。
[40]俞允海:《茅盾故乡方言成语的魅力》,《常州工学院学报》(社会科学版)2012年第3期。
[41]杜晓文:《〈越谚〉所收越地方言成语浅探》,《学术交流》2013年第4期。
[42]冯娟:《陕北方言成语的修辞及文化暗示》,《齐齐哈尔大学学报》(哲学社会科学版)2015年第5期。
[43]陆侠:《蒙城方言成语探究》,《重庆文理学院学报》(社会科学版)2017年第1期。
[44]落常厚:《晋蒙地带方言成语》,三晋出版社2018年版。
[45]王健、张云艳:《大同数来宝方言语汇初探》,《山西大同大学学报》(社会科学版)2019年第5期。
[46]车飞:《类成语与俗成语的对立和纠结及划界问题再议》,《沈阳大学学报》(社会科学版)2022年第2期。

表1中第五阶段的20篇/部研究成果绝大多数为某地方言成语例释(标音和释义),部分研究也拓展至构成方式、语法功能、修辞特色和文化内涵。要对方言成语用例加以诠释,要对方言成语的构成方式、语法功能、修辞特色和文化内涵加以解析,其首要前提是对所诠释和解析的对象是否为成语加以确认,即需要确认其为方言成语还是方言惯用语,是四字短语还是方言词语,否则必然南辕北辙。表中第五阶段几乎所有研究案例均未对其是否为方言成语加以确认。

方言成语可由四字组成,但四字式条目并不都是方言成语。如何对方言熟语四字式条目中的成语进行鉴别,既是方言成语研究乃至整个方言熟语研究中一个急需要解决的问题,同时也是一个难以妥善处理好的问题,因为"成语实际上是一个有一定开放性的、具有不同层次的模糊语类"①。

鉴于此,本文拟以《江宁方言词语汇释》②所收录的江宁方言常用熟语四字式条目(共525条)为例,分析鉴别其中的方言成语。先借助常用通语成语词典与网络学习平台,查询其所收录的成语与江宁方言熟语四字式条目的相同或相近情况,以筛选出可能为方言成语的条目。再采用量化分析的方法逐一予以鉴别,即确立成语特征项,设立特征指数,逐条分析其特征指数,再依据特征指数与具体标准加以确认。

一、借助通语成语词典与网络学习平台筛选

(一)借助通语成语词典加以筛选

我们借助常用通语成语词典,从意义与表述两方面查询与江宁方

① 刘中富:《成语的界定与成语的层次性》,《山东师范大学学报》(人文社会科学版)2016年第2期。

② 郭骏、陈家邦:《江宁方言词语汇释》,中国广播影视出版社2022年版。

言熟语四字式中意义与表述完全相同、意义相同表述略有不同、意义与表述相近条目。

常用通语成语词典及其成语收录情况:《中国成语分类大词典》(新世界出版社 1989 年版),收录 20000 余条;《成语范例大词典》(杭州大学出版社 1997 年版),收录 4883 条;《成语大词典》(商务印书馆国际有限公司 2004 年版),收录 17000 余条(包括少量熟语);《中国成语大辞典》(上海辞书出版社 2007 年版),收录见于历代文献的成语 18000 余条。

现将江宁方言熟语四字式条目分三类进行筛选:与通语成语意义与表述完全相同的条目;与通语成语意义相同、表述略有不同的条目;与通语成语意义与表述相近的条目。筛选结果如下。

(1)与通语成语意义与表述完全相同有 41 条。

板上钉钉、不上不下、凭空捏造、没轻没重、费尽心思、命该如此、大吉大利、大呼小叫、丢三忘四、颠颠倒倒、独来独往、天打雷劈、指指戳戳、再三再四、坐吃等死、杂七杂八、十有八九、人多嘴杂、人来客往、入土为安、酒足饭饱、久病成医、见怪不怪、紧要关头、七拼八凑、七大八小、七事八事、七高八低、曲里拐弯、稀奇古怪、下不了台、像模像样、狗屁不通、看菜吃饭、磕头碰脑、好吃懒做、横眉竖眼、黑灯瞎火、无大不大、唉声叹气、冤家对头。

由于收录标准不同,同一条目在不同词典中的出现频次存有差异性。其具体收录情况如下:四部词典均收录有 4 条,三部词典收录有 10 条,两部词典收录有 8 条,仅一部词典收录有 19 条。这 41 条不用鉴别,自然应属于方言成语。

(2)与通语成语意义相同、表述略有不同有 21 条。

翻来调去、指狗骂鸡、遮活人眼、捶胸跺脚、装呆卖傻、瞎说八道、灰消火灭、昏头巴脑、丝毫不动、拦头一棒、东跑西颠、七除八扣、七扣八扣、灰头土脑、拖家带口、六神不定、手到擒拿、东借西凑、自夸自擂、看家本领、追根问底。

虽只是与通语成语表述略有不同,但是否为方言成语仍需鉴别。

(3)与通语成语意义与表述相近有10条。

不声不气、哭天号地、阴死阳活、见眼生情、斜风潲雨、能说会做、翻尸倒篓、割头换颈、勾头缩颈、熟人熟事。

这10条是否为方言成语更需鉴别。

(二)借助网络学习平台加以筛选

在信息化时代,网络学习平台业已成为汉语查询与学习的重要渠道。这里主要查询了百度汉语、百度百科、成语大全(成语词典在线查询)和知识贝壳等四个汉语查询与学习平台。

百度汉语是百度推出的一套智能汉语查询与学习的工具,百度百科是全球最大中文网络百科全书,成语大全收录四字成语等4万多条,提供成语解释、成语用法、成语出处等查询,知识贝壳是汇集汉语知识、双语翻译、知识百科等知识资源的终身学习平台。

除常用通语成语词典已查询过的72条外,查询到江宁方言熟语四字式中网络学习平台认为是成语的共有50条。具体条目如下。

板板正正、办事圆滑、拔腿就跑、没事找事、没上没下、大锣大鼓、短斤少两、滴酒不沾、土埋半截、头皮发麻、来来回回、老不正经、累死累活、沾沾喜气、正正当当、沉不住气、擦肩而过、死不要脸、死缠硬磨、四四方方、四仰八叉、身手不凡、顺顺当当、十里八乡、人五人六、见好就收、七拐八绕、七拱八翘、七个八个、七歪八扭、掐指一算、小事一桩、相貌平平、心里有底、削尖脑袋、勾肩搭背、赶不上趟、看不上眼、胡吃海喝、榆木脑袋、洋相百出、严严实实、一不留神、一路货色、歪歪倒倒、有两下子、无头苍蝇、鬼吵鬼闹、磕磕碰碰、舞枪弄棒(为“舞刀弄枪”的副条)。

这50条四部常用通语成语词典均未收录,即未确认为成语。这就需要逐条加以鉴别。

二、依据量化分析加以鉴别

现在需要对上文筛选出的三部分条目是否为方言成语加以分析鉴别。这三部分具体如下。(1)江宁方言熟语四字式中与通语成语意义相同表述略有不同条目21条。(2)江宁方言熟语四字式中与通语成语意义与表述相近条目10条。(3)网络学习平台所确认的成语条目50条。三项共计81条。

笔者曾采用量化分析的方法,设立量化指数,确立量化标准,并据此分析溧水街上话语音变项中不同变式各自与通语语音的接近度[①]。现将依据方言成语的特征标准,采用量化分析的方法加以鉴别。

(一)依据特征项设立特征指数

1.确立方言成语特征项

方言成语为方言中常用口语,无雅俗与新旧之分、常用与非常用之分、通用与非通用之分,故不宜依此四项判定标准确立特征项。又鉴于“语感中既有操同一语言的全体人的稳态的共同语感,也有操同一语言的部分人的差别语感”[②],也不宜采用语感这一看似可操作而实际无法操作的判定标准来确立特征项。

参考李小平[③]有关方言成语的特征分析,并综合运用学界对通语成

① 郭骏:《方言变异与变化:溧水街上话的调查研究》,北京大学出版社2009年版,第68—72页;郭骏:《方言变异与变化:溧水街上话的调查研究》(修订本),商务印书馆2023年版,第87—91页。
② 姚鹏慈:《关于成语语感与成语度的思考》,《广播电视大学学报》(哲学社会科学版)2002年第2期。
③ 李小平:《论汉语方言成语的性质》,《语文研究》2009年第1期。

语判别条件的研究成果[①]，我们确立了四个成语特征项，即成语结构的固定性、形式结构的二二相承性、语义表达的叙述方式和成语语义的整体性。

2.设立方言成语特征指数

四个特征项依据其内部差异，再细分为二至三档，分别设立量化指数。每项最高指数为3，四项总指数为12。

(1)成语结构的固定性。第一档，固定性弱，使用中可拆开或插入其他语言成分，设量化指数为1。第二档，固定性次强，可变换某个语素或语素的顺序，设量化指数为2。第三档，固定性强，不可作任何变换，设量化指数为3。

(2)形式结构的二二相承性。第一档，非二二相承式，即语法结构与语音结构均不是二二相承式，设量化指数为1。第二档，不完全二二相承式，即语法结构不是二二相承，但习惯读音仍是二二相承，设量化指数为2。第三档，完全二二相承式，即语法结构与语音结构皆为二二相承式，设量化指数为3。

(3)语义表达的叙述方式。第一档，表述语，具有知识性特征，设量化指数为2。第二档，描述语，不具有知识性特征，描述对象广泛，常常是人物并举，设量化指数为3。由于“表述性成语的数量，相对来说比较少，大量的成语属于描述性”[②]，则意味着描述性成语在成语中更具有典型性，因此在指数设立上，描述性设量化指数为3，表述语则设量化指数为2。

(4)成语语义的整体性。参考刘中富关于融合性成语、综合性成

① 温端政:《汉语语汇学》，商务印书馆2005年版；乔永:《成语鉴别与成语词典收词标准的量化定性研究》，《语文研究》2006年第1期；刘中富:《成语的界定与成语的层次性》，《山东师范大学学报》(人文社会科学版)2016年第2期。

② 温端政:《汉语语汇学》，商务印书馆2005年版，第310页。

语、组合性成语的划分，分设三档。[①] 第一档，组合性，整体意义就是构成部分的意义组合，整体性较弱，设量化指数为1。第二档，综合性，整体意义是在构成部分的意义或成语的整体字面义基础上形成的比喻义或引申义，整体性较强；设量化指数为2。第三档，融合性，整体意义是唯一的实际使用意义，整体性最强，设量化指数为3。

3.依据特征指数确立鉴别标准

我们将条目特征指数占总指数之比作为成语与非成语或类固定短语的鉴别标准：条目特征指数占总指数60%及以上者为方言成语，条目特征指数占总指数60%以下者为非方言成语或方言类固定短语。[②]

与此同时，为揭示方言成语典型度的呈现状态，参照刘中富关于通语成语不同典型度的类别（典型成员、非典型成员与外围成员）划分，我们又将条目特征指数占总指数之比作为已确认成语其不同典型度类别的划分标准，具体划分为以下三类。（1）标准成语：条目特征指数占总指数100%者。（2）典型成语：条目特征指数占总指数80%—99%者。（3）非典型成语：条目特征指数占总指数60%—79%者。[③]

（二）特征指数分析与成语条目确认

1.特征指数分析

下面依据成语特征项逐条分析其特征指数，详见表2。表中具体条目按江宁方言声母顺序排列，同声母则按其韵母顺序排列。

① 刘中富：《成语的界定与成语的层次性》，《山东师范大学学报》（人文社会科学版）2016年第2期。

② 陈昌来、李传军：《现代汉语类固定短语研究》，学林出版社2012年版。

③ 刘中富：《成语的界定与成语的层次性》，《山东师范大学学报》（人文社会科学版）2016年第2期。

表 2　方言条目成语特征指数分析

音序	四字式条目	成语结构的固定性			形式结构的二二相承性			语义表达的叙述方式		成语语义的整体性			指数统计	
		一档	二档	三档	一档	二档	三档	一档	二档	一档	二档	三档	指数总计	占比（%）
		1	2	3	1	2	3	2	3	1	2	3	12	100.0
p	板板正正			3			3	2			2		10	83.3
	办事圆滑	1				2		2		1			6	50.0
	不声不气			3			3	2		1			9	75.0
	拔腿就跑			3		2		2		1			8	66.7
m	没事找事			3		2		2			2		9	75.0
	没上没下		2				3	2		1			8	66.7
f	翻来调去			3			3		3			3	12	100.0
	翻尸倒篓		2				3	2			2		9	75.0
t	大锣大鼓			3			3		3			3	12	100.0
	短斤少两			3			3	2		1			9	75.0
	东跑西颠			3			3		3		2		11	91.7
	东借西凑			3			3	2		1			9	75.0
	滴酒不沾	1				2		2		1			6	50.0
t‘	土埋半截	1			1			2			2		6	50.0
	拖家带口			3			3	2		1			9	75.0
	头皮发麻	1				2		2			2		7	58.3
l	来来回回			3			3	2		1			9	75.0
	老不正经			3	1			2		1			7	58.3
	累死累活			3			3	2		1			9	75.0
	六神不定			3		2		2				3	10	83.3
	拦头一棒			3		2			3			3	11	91.7
	能说会做		2				3	2		1			8	66.7

续表

音序	四字式条目	成语结构的固定性			形式结构的二二相承性			语义表达的叙述方式		成语语义的整体性			指数统计	
		一档	二档	三档	一档	二档	三档	一档	二档	一档	二档	三档	指数总计	占比（%）
		1	2	3	1	2	3	2	3	1	2	3	12	100.0
ts	指狗骂鸡			3			3		3			3	12	100.0
	自夸自擂			3			3	2		1			9	75.0
	遮活人眼			3		2		2		1			8	66.7
	追根问底			3			3	2			2		10	83.3
	沾沾喜气	1				2		2		1			6	50.0
	正正当当			3			3	2		1			9	75.0
ts‘	捶胸跺脚			3			3	2			2		10	83.3
	沉不住气	1			1			2		1			5	41.7
	擦肩而过			3		2		2			2		9	75.0
s	丝毫不动			3		2		2		1			8	66.7
	死不要脸			3	1			2				3	9	75.0
	死缠硬磨		2				3	2		1			8	66.7
	四四方方			3			3	2		1			9	75.0
	四仰八叉			3			3	2		1			9	75.0
	手到擒拿			3		2		2		1			8	66.7
	身手不凡			3		2		2		1			8	66.7
	顺顺当当			3			3	2		1			9	75.0
tʂ	装呆卖傻			3			3	2		1			9	75.0
ʂ	十里八乡			3			3	2		1			9	75.0
	熟人熟事			3			3	2		1			9	75.0
ʐ	人五人六			3			3	2			2		10	83.3
tɕ	见好就收		2			2		2			2		8	66.7
	见眼生情			3		2		2			2		9	75.0

续表

音序	四字式条目	成语结构的固定性			形式结构的二二相承性			语义表达的叙述方式		成语语义的整体性			指数统计	
		一档	二档	三档	一档	二档	三档	一档	二档	一档	二档	三档	指数总计	占比（%）
		1	2	3	1	2	3	2	3	1	2	3	12	100.0
tɕ‘	七除八扣			3			3	2		1			9	75.0
	七拐八绕		2				3	2			2		9	75.0
	七扣八扣			3			3	2			2		10	83.3
	七拱八翘			3			3	2			2		10	83.3
	七个八个			3			3	2			2		10	83.3
	七歪八扭			3			3	2		1			9	75.0
	掐指一算			3		2		2		1			8	66.7
ɕ	小事一桩			3		2		2		1			8	66.7
	相貌平平		2			2		2		1			7	58.3
	斜风潲雨			3			3	2		1			9	75.0
	心里有底		2			2		2		1			7	58.3
	削尖脑袋			3		2			3			3	11	91.7
	瞎说八道			3			3	2		1			9	75.0
k	鬼吵鬼闹			3			3	2			2		10	83.3
	勾头缩颈			3			3	2			2		10	83.3
	勾肩搭背		2				3	2		1			8	66.7
	赶不上趟			3	1			2		1			7	58.3
	割头换颈			3			3		3			3	12	100.0
k‘	看家本领			3		2		2		1			8	66.7
	看不上眼			3	1			2		1			7	58.3
	磕磕碰碰		2				3	2			2		9	75.0
	哭天号地			3			3	2		1			9	75.0

续表

音序	四字式条目	成语结构的固定性			形式结构的二二相承性			语义表达的叙述方式		成语语义的整体性			指数统计	
		一档	二档	三档	一档	二档	三档	一档	二档	一档	二档	三档	指数总计	占比（%）
		1	2	3	1	2	3	2	3	1	2	3	12	100.0
x	胡吃海喝		2				3	2		1			8	66.7
	灰头土脑			3			3	2			2		10	83.3
	灰消火灭			3			3		3			3	12	100.0
	昏头巴脑			3			3	2		1			9	75.0
∅	榆木脑袋			3		2		2				3	10	83.3
	无头苍蝇		2			2		2				3	9	75.0
	舞枪弄棒		2				3	2		1			8	66.7
	歪歪倒倒			3			3	2			2		10	83.3
	有两下子	1			1			2			2		6	50.0
	洋相百出			3		2		2		1			8	66.7
	严严实实			3			3	2		1			9	75.0
	阴死阳活			3			3	2			2		10	83.3
	一不留神		2		1			2		1			6	50.0
	一路货色			3		2		2			2		9	75.0
总数	81	7	14	60	8	25	48	73	8	46	24	11		

通过观察表 2 方言条目成语特征指数，我们可分析出所需鉴定条目在四个特征项方面呈现出的总体特征。

(1)成语结构的固定性强。此特征项数据显示，固定性弱 7 条，占 8.6%；固定性次强 14 条，占 17.3%；固定性强 60 条，占 74.1%；固定性强与固定性次强占 91.4%。

(2)结构形式的二二相承性强。此特征项数据显示，非二二相承有 8 条，占 9.9%；不完全二二相承 25 条，占 30.9%；完全二二相承 48 条，占 59.2%；不完全二二相承与完全二二相承占 90.1%。

(3)语义表达的叙述方式以表述性为主。此特征项数据显示,属表述语有 73 条,占 90.1%;属描述语有 8 条,仅占 9.9%。

(4)成语语义的整体性弱。此特征项数据显示,属组合性条目有 46 条,占 56.8%;属综合性条目有 24 条,占 29.6%;属融合性条目有 11 条,仅占 13.6%。

2.成语条目确认与所属典型度类别

依照上文确立的方言成语鉴别标准,对应表 2 中的统计指数,可逐条予以确认。在需要分析鉴别的 81 条中,方言成语 68 条,占 84.0%;非成语或类固定短语 13 条,占 16.0%,详见表 3。

表 3 成语条目确认与典型度类别

类别	数量(个)	条目
标准成语	5	翻来调去、大锣大鼓、指狗骂鸡、割头换颈、灰消火灭
典型成语	17	东跑西颠、拦头一棒、削尖脑袋、板板正正、六神不定、追根问底、捶胸跺脚、人五人六、七扣八扣、七拱八翘、七个八个、鬼吵鬼闹、勾头缩颈、灰头土脑、榆木脑袋、歪歪倒倒、阴死阳活
非典型成语	46	不声不气、没事找事、翻尸倒篓、短斤少两、东借西凑、拖家带口、来来回回、累死累活、自夸自擂、正正当当、擦肩而过、死不要脸、四四方方、四仰八叉、顺顺当当、装呆卖傻、十里八乡、熟人熟事、见眼生情、七除八扣、七拐八绕、七歪八扭、斜风潲雨、瞎说八道、磕磕碰碰、哭天号地、昏头巴脑、无头苍蝇、严严实实、一路货色、拔腿就跑、没上没下、能说会做、遮活人眼、丝毫不动、死缠硬磨、手到擒拿、身手不凡、见好就收、掐指一算、小事一桩、勾肩搭背、看家本领、胡吃海喝、舞枪弄棒、洋相百出
非成语或类固定短语	13	头皮发麻、老不正经、相貌平平、心里有底、赶不上趟、看不上眼、办事圆滑、滴酒不沾、土埋半截、沾沾喜气、有两下子、一不留神、沉不住气

依照上文确立的方言成语典型度划分标准，对应表 2 中的统计指数，可逐条予以确认。这 68 条方言成语可以分为以下三类。(1)标准成语共有 5 条，占 7.4%。(2)典型成语共有 17 条，占 25.0%。(3)非典型成语共有 46 条，占 67.6%。由此可见，所确认的 68 条方言成语其典型度普遍不高，标准成语极少，典型成语仅占 1/4，大多数为非典型成语。

同时，依据表 3，我们可对所需加以分析鉴别的三部分条目是否为方言成语及其所属典型度类别情况做一简要分析，具体情况如下。

(1)与通语成语意义相同表述略有不同的 21 条，全部被确认为方言成语。其中标准成语 3 条：翻来调去、指狗骂鸡、灰消火灭。典型成语 7 条：东跑西颠、拦头一棒、六神不定、追根问底、捶胸跺脚、七扣八扣、灰头土脑。非典型成语 11 条：遮活人眼、装呆卖傻、瞎说八道、昏头巴脑、丝毫不动、七除八扣、拖家带口、手到擒拿、东借西凑、自夸自擂、看家本领。

(2)与通语成语意义与表述相近的 10 条，也全部被确认为方言成语。其中标准成语 1 条：割头换颈。典型成语 2 条：勾头缩颈、阴死阳活。非典型成语 7 条：不声不气、翻尸倒篓、熟人熟事、见眼生情、斜风潲雨、哭天号地、能说会做。

(3)网络学习平台确认为成语的 50 条，有 37 条被确认为方言成语，有 13 条被确认为非成语或类固定短语。在被确认为方言成语的 37 条中，标准成语 1 条：大锣大鼓。典型成语 8 条：削尖脑袋、板板正正、人五人六、七拱八翘、七个八个、鬼吵鬼闹、榆木脑袋、歪歪倒倒。非典型成语 28 条：没事找事、短斤少两、来来回回、累死累活、正正当当、擦肩而过、死不要脸、四四方方、四仰八叉、顺顺当当、十里八乡、七拐八绕、七歪八扭、磕磕碰碰、无头苍蝇、严严实实、一路货色、拔腿就跑、没上没下、死缠硬磨、身手不凡、见好就收、掐指一算、小事一桩、勾肩搭背、胡吃海喝、舞枪弄棒、洋相百出。

与此同时，我们又可通过方言成语与通语成语的比较，从方普关系视角依照通语对方言影响情况，将常用通语成语词典收录与经过分析鉴别而加以确认的109条方言成语分为三类。(1)方普共有成语，即江宁方言与通语成语意义与表述完全相同的41条成语，占所确认方言成语总数的37.6％。(2)带有通语色彩的方言成语，即江宁方言与通语成语意义相同、表述略不同、与通语成语意义与表述相近的31条成语，占所确认方言成语总数的28.5％。(3)纯方言成语，即江宁方言与网络学习平台所确认的37条成语，占所确认方言成语总数的33.9％。

综上可见，江宁方言熟语四字式中与通语成语意义相同、表述略有不同和与通语成语意义与表述相近的条目均被确认为成语。江宁方言熟语四字式中网络学习平台确认为成语的条目，有13条确认为非成语，表明网络学习平台对成语的确认，其标准较为宽松。

三、重叠式四字格的归属

温端政在关于通语成语划界的几个问题中专门论及"七A八B"和"AABB"重叠式四字格的归属问题。[①] 鉴于江宁方言熟语四字式经过分析鉴别而加以确认的81条成语中也涉及这两种重叠式四字格，现结合上文分析鉴别情况具体讨论其归属问题。

(一)"七A八B"重叠式四字格的归属

温端政主张，结构相对比较固定的"七A八B"重叠式可以归入成语。[②] 在上文依据量化分析所确认的68条方言成语中，"七A八B"(包括"七A八A"，有"七扣八扣""七个八个"2条)式共有6条，已全部被确

① 温端政:《汉语语汇学》，商务印书馆2005年版，第294—296页。
② 温端政:《汉语语汇学》，商务印书馆2005年版，第294页。

认为方言成语(见表3)。其中典型成语3条:七扣八扣、七拱八翘、七个八个;非典型成语3条:七除八扣、七拐八绕、七歪八扭。

从"表2方言条目成语特征指数分析表"中的指数分析看,属典型成语的3条,其"成语结构的固定性"和"形式结构的二二相承性"均为三档;属非典型成语的3条,其"成语结构的固定性"2条为三档("七拐八绕"为二档),"形式结构的二二相承性"均为三档。可见,此6条"七A八B"重叠式归入方言成语主要缘于其结构相对比较固定。

由此可见,就"七A八B"重叠式而言,结构是否具有固定性无论是对于通语还是对于方言来说,都是其能否划入成语的重要判断标准。

(二)"AABB"重叠式四字格的归属

温端政曾针对"AABB"重叠式四字格能否归属于通语成语问题提出两条测试标准:一条是看"是不是双音节词的重叠式",如果是双音节词的重叠式则应排除在成语之外;一条是看"是否具有习用性",缺乏习用性则不宜列为成语。[①]

在上文依据量化分析所确认的68条方言成语中,"AABB"重叠式共有8条。其中典型成语2条:板板正正、歪歪倒倒;非典型成语6条:来来回回、正正当当、四四方方、顺顺当当、磕磕碰碰、严严实实。

1.关于习用性

习用性是指那些频繁使用、习惯性的行为或表达方式。通语成语有常用与非常用之分,而方言成语则无常用与非常用之分,因为方言成语本就是方言中的常用熟语。既然是常用熟语,则自然就具有习用性特征。可见,习用性特征可以作为判断通语成语的测试标准,但不能作为判断方言成语的测试标准。

① 温端政:《汉语语汇学》,商务印书馆2005年版,第296页。

2.关于双音节词的重叠式

(1)区分形似重叠与真实重叠。从双音节词重叠看,需要区分形似重叠与真实重叠。在8条"AABB"重叠式中,为真实双音节词重叠的有来来回回、正正当当、四四方方("四方"限于表示"正方形或立方体")、顺顺当当4条,而板板正正、歪歪倒倒、磕磕碰碰、严严实实4条形似双音节词重叠而非真实双音节词重叠。因为江宁方言中没有板正、歪倒、磕碰、严实这四个双音节词,所以,此4条自然就不是双音节词的重叠式。

(2)结构固定仍为重要判断标准。从指数分析看,在8条"AABB"式中,除磕磕碰碰在"成语结构的固定性"特征项中为二档外,其他7条均为三档,在"形式结构的二二相承性"特征项中8条均为三档。可见,此8条"AABB"重叠式归入方言成语与"七A八B"重叠式相同,主要仍缘于其结构相对比较固定。

由此可见,"是不是双音节词的重叠式"也不能作为判断方言成语的主要测试标准。

结　语

上文对江宁方言熟语四字式共122条分别进行分析鉴别,确认为方言成语109条,非成语或类固定短语13条。除与通语成语意义与表述完全相同的41条可自然确认为方言成语外,其余81条采用量化分析的方法进行分析鉴别并加以确认。与通语成语意义相同、表述略不同的21条和与通语成语意义与表述相近的10条均为方言成语;在网络学习平台所确认的成语条目中,37条为方言成语,13条为非成语或类固定短语。

依据条目的特征指数占比,我们把经过分析鉴别而加以确认的68条方言成语划分为标准成语、典型成语和非典型成语等三类，这样可从方言视角揭示出方言成语典型度的具体呈现状态——标准成语(7.4%)＜典型成语(25.0%)＜非典型成语(67.6%)，其典型度普遍不高。我们又通过方言成语与通语成语的比较，依照通语对方言影响情况把常用通语成语词典收录与经过分析鉴别而加以确认的109条方言成语分为方普共有成语、带有通语色彩的方言成语和纯方言成语三类。这样又可从方普视角揭示出方普关系的具体呈现状态——方普共有成语(37.6%)＞带有通语色彩的方言成语(28.5%)＞纯方言成语(33.9%)，方普共有成语与带有通语色彩的方言成语占比已达到66.1%，可见通语对江宁方言具有较大的影响力。

本文尝试运用量化分析法，依据方言成语特征确立成语特征项，按照特征项设立特征指数，再依据特征指数逐条加以分析鉴别。这从方法论视角对方言成语与非成语的区分，乃至对通语成语与非成语的区分进行了有益探索，并提供了有价值的研究案例，同时对推动方言熟语研究走向深入也具有一定的积极意义。

与此同时，我们也清醒地看到对方言成语进行分析鉴别而加以确认也并非易事。量化分析对于复合式结构的四字格成语的鉴别具有较强的可操作性，对于重叠式结构的四字格成语的鉴别也具有一定的可操作性，但对于附加式，尤其是一些特殊格式(如山西方言普遍存在的“圪”字式)等结构类型的四字格成语的鉴别还有待进一步思考与探究。

汉语典型情态词与动词短语在时体范畴上的制约关系

金立鑫　杜家俊*

【摘要】 本文采用严格的句法分布方法描写11个汉语情态词与12类光杆动词并带“了”的最简结构之间的句法制约条件。描写发现，汉语情态词根据其述谓或约束小句的时体属性分为两类。多数动词的光杆形式构成的最简结构小句为已然体，这类小句使用情态词或“了”重设事件为参照时间之前的未然体或惯常体。文章发现除了明显的语义制约关系外，情态的体特征与小句事件的时体之间存在制约关系。文章进一步证明“了”处在情态结构内层，“了”在情态结构外层，“了”对各类情态词的选择比“了”严格。

【关键词】 情态；情态词；光杆动词；时体；制约关系

引　言

(一)背景与缘起

本文认为语言学是一门经验科学。经验科学具有过程可观察性、方法可重复性和结论可验证性。这些特征在语言学界并未得到高度重视，相反有某种程度的倒退。本文试图通过被指定的11个典型情态

* 作者简介：金立鑫，江苏师范大学语言科学与艺术学院特聘教授，上海外国语大学教授，博士生导师；杜家俊，同济大学浙江学院外语系讲师。

词[①]与 12 类可带不同体标记的动词[②]及其小句之间是否有制约关系的描写来展示上面所提的“三性”。这是本文的重要目的之一。

本文所要描写的是陈述句中的时体范畴与情态范畴之间的制约关系。我们知道，陈述句所陈述的事件总是对应于物理世界时间轴上的某一特定时间点，因此句子中的事件有“时”(tense)的特征，同时该事件也必定表现为该时间点上的某个特定状态，因此句子中的事件有“体”(aspect)的特征，而“时”由说话时间(S)与参照时间(R)的关系确定。[③]过去时是 R>S，现在时是 R=S，将来时是 S>R。事件进程体[④]由事件时间(E)与参照时间(R)的关系确定。完成体是 E>R，进行体是 E=R，将行体是 R>E，恒常体是(E>R)∧(E=R)∧(R>E)。鉴于研究方便的考虑，本文将以上完成体、进行体和恒常体统一概括为“已然”[⑤]。

由于任何陈述句都是说话人的主观表述，任何一个陈述都带有特定类型的情态[⑥]，因此句子的情态就与句子的时体有关。从逻辑上可以推断，某种特定类型的情态与某种特定的时体之间存在条件制约关系，即某些特定的情态只能与某类特定时体共现，反之亦然。本文所要讨论的是哪些情态与句子时体之间存在何种关系，二者间是否有句法层次关系。由于句子的时体类型复杂，鉴于研究从简单到复杂的程序，本文先描写光杆动词最简结构句[⑦]及带“了”句，然后扩展到带情态词的句子。

本文试图选择具体案例作尝试性描写。试图探讨以下三个问题。

① 不区分情态副词和情态助动词。

② 依据郭锐《汉语动词的过程结构》(《中国语文》1993 年第 6 期)的具体数据，12 类动词按是否能带“着，了，过，在”体标记作出的逻辑分类。每个小类内部有若干动词。限于篇幅本文只能在每类内选一个动词(典型地表现为是否能带不同的体标记)对其与不同情态词的组合进行观察。尽管每个动词类内部或有不同，但这不影响本文的研究方法和结论。

③ Reichenbach, Hans, *Elements of Symbolic Logic*, New York: Macmillan & Co., 1947. Gamut, L. T. F., *Logic, Language, and Meaning*, Chicago: University of Chicago Press, 1991.

④ 界限体(如斯拉夫语多数语言)不在此类。

⑤ 体的“已然”与“未然”是汉语较为敏感的两个大类。无标记条件下其否定形式对应于“没”“不”。

⑥ 无特定情态标记的句子的情态在类型上可归入中性情态，或零形情态(如所谓纯客观的陈述)。

⑦ 动词不带任何体标记以及其他任何修饰成分构成的肯定式陈述小句。

(1)不同的情态词与其述谓的事件之间有何种制约条件关系？(2)何种情态词与何种命题或事件句的时体之间具有何种制约条件关系？(3)问题(1)和问题(2)背后的理据是什么？

同一功能范畴在不同语言中有不同的表现形式。情态范畴同样如此。如前所述，根据研究从简单到复杂、从典型到非典型的原则，本文选择现代汉语中下列三类情态范畴中的11个典型情态词(见表1)，以此观察其与各类动词及动词小句之间的时体关系。

表1　三类情态的典型情态词

道义情态	可以$_{道}$[1]、应该$_{道}$、必须
能愿情态	会$_{能}$、能[2]、愿意、可以$_{能}$
认识情态	可能、一定[3]、会$_{认}$、应该$_{认}$

注：[1]"可以"分两个，一个表示道义(你可以请假)，一个表示能够(我可以实现我的梦想)；"应该"分两个，一个表示道义(应该1：你应该去)，一个表示认识(应该2：那时候天色应该暗下来了)；"会"也分两个，一个表示能愿(会1：我会游泳)另一个表示可能(会2：明天会下雨)。

[2]主要指内在能力，不涉及可能性等用法。

[3]"一定"只在与第一人称组合时才有可能表达"意愿"(如我一定去)。本文略去不读。

其他情态词(例如"要"等)及情态副词、语气词与时体之间的关系以及上表中某些情态词的其他用法，都还是可以继续研究的课题。

与情状类型(situation type)会受到动词及其论元的影响而改变类型特征的情况类似，任何情态词与特定行为动词以及其他相关成分组合都会改变情态词的时体辖域或性质。

(二)样本说明

如果情态词具有不同的时间辖域，那么它不仅在动词短语和句子层面表现出时间辖域特征，也应该在光杆动词层面表现出来，因为光杆动词也具有时间属性。这一点我们从动词在时间上的分类[①]以及后续学者的研究中可以看到(这一点德语用 Aktionsart——“行为类型”描述或许更为准确),此处不再赘述。

首先列举这 12 类动词的代表词:“等于”类、“期望”类、“认识”类、“尊敬”类、“相信”类、“包含”类、“成为”类、“离开”类、“有”类、“吃”类、“继续”类、“向”类。[②]

句法层次上可将情态词设定为动词的高层谓词,高层谓词是对直接低层谓词的述谓(可与本文的“约束”替换)。低层谓词是直接高层谓词的论元。据观察,12 类动词中有 4 类光杆形式只能接受部分情态词的述谓:“等于”“认识”“尊敬”和“期望”类(下文称为 A 类)。8 类光杆形式可接受所有情态词的述谓:“相信、包含、成为、离开、有、吃、继续、向”(下文称为 B 类)。

由于 A 类动词只与部分情态词有句法组配关系,因此本文只讨论 A 类动词的光杆形式与情态词之间的组配限制条件,由于 B 类动词可以与所有 11 类情态词组配,因此本文除了描述 B 类动词光杆动词的体意义,重点描写 B 类“V+了[③]”形式与各类情态词结构之间的组配限制。因为描写 B 类“V+了”研究所得出的规则也应该适用于 A 类“V+了”。

迄今为止,笔者尚未发现有类似本文将所限定的情态词与特定动词以及体标记“了”进行逐一描写的研究,本文对此作出尝试。欢迎后续的重复性实证或证伪。

① Vendler, Zeno, “Verbs and Times,” *The Philosophical Review*, Vol. 66, No. 2 (1957), pp.143-160.

② 据观察,这 12 类动词内部与情态词之间的关系也并非完全一致,此问题需在后续研究中分析。

③ 汉语四个典型的体标记中唯有“了”能与最多数动词组合,因此“了”是最为典型的汉语体标记。其他体标记与情态词之间的组配条件可另行研究。

一、A 类光杆动词与三类情态词的选择限制

(一)“等于”类

“等于”为恒常体动词，其所构成的命题表现恒常事态或事理，典型的例子是二加二等于四。“等于”类动词不接受任何典型体标记(汉语的四个典型体标记“着”“了”“过”“在”都聚焦于某一特定“阶段”，与“等于”的恒常性冲突)。“等于”接受下面几类情态词的述谓，拒绝另外 4 类情态词，由此分为两类。

(1)必须等于，应该$_{道}$等于，一定等于，可能等于，会$_{认}$等于，可以$_{能}$等于。

(2) * 可以$_{道}$等于，* 会$_{能}$等于，* 能等于，* 愿意等于。

“等于”表达同一语言社团的共同认知，具有“标准”社会价值取向，有个体服从性。“等于”在时间属性上向前后两端无限覆盖(time=∞)。郭锐将其归入“无限”类。[①]

(1)类表达语言社团共同认知标准要求下对某一具体事件进行主观判断的模态等级。这类情态词自上而下为“必然”(一定)、“应然”(应该)和“或然”(可能)。

现在解释为什么“等于”不接受(2)中 4 个情态词的约束。这 4 个都是能愿情态词，表现行为主体的能力或意愿。这种主体能性和意愿性在语义上与“等于”强制性集体价值观和个体服从性冲突。如果将动词替换为其他不受共同价值观制约的、具有主观能动性的行为类动词，这些情态词就可以与其组配，如：

(3)可以$_{道}$去，可以$_{道}$吃。

① 郭锐：《汉语动词的过程结构》，《中国语文》1993 年第 6 期。

(4)会$_{能}$翻译，会$_{能}$打球。

(5)能看见，能走路。

(6)愿意写，愿意听。

因此，这两类情态词的差别不在时体，而在“客观”标准与“主观”能动上。(1)中的情态词表达客观标准的认可性，(2)的情态词表达主观能动的可为性。“等于”类与情态词的组配关系与时体属性无关。

(二)“期望”类

“期望”光杆用法表示在参照时间“期望”的行为已然，但“期望”所管辖的事件(目标)尚未实现，为未然。例如：

(7)父亲期望他成为科学家。

(7)中的“期望”是“父亲”已然的情状(父亲在参照时间点上已经期望)，但“他成为科学家”则尚未实现。

能述谓“期望”的情态词有下列5个——“可以$_{能}$”“会$_{认}$”“应该$_{道}$”“一定”“可能”：

(8)可以$_{能}$期望(可以期望的未来，可以期望的幸福，可以期望的数字)。

(9)会$_{认}$期望(我会$_{认}$期望我是你的唯一)。

(10)(照理)你应该$_{道}$期望他来(才对)。

(11)(我想)你一定期望他来。

(12)(我想)你可能期望他来。

有意思的是，这5个情态词改变了光杆“期望”动词句，如例句(7)的已然性质，将表示已然的“期望”情状转为未然。

另6个情态词“会$_{能}$”“能”“愿意”“必须”“可以$_{道}$”“应该$_{认}$”在最简结构中无法述谓“期望”。这6个情态词中，有全部三个能愿情态词(会$_{能}$、能、愿意)，两个道义情态词(可以$_{道}$、必须)，一个认识情态(应该$_{认}$)。为什么？

简单说就是，(1)“期望”在语义上覆盖了“会$_{能}$”“能”“愿意”“应该$_{认}$”，根据经济原则二者不同现。(2)“可以$_{道}$”“必须”表现的道义与“期望”的主观能愿性抵牾。因此“期望”拒绝这些情态词。而(8)—(12)5个情态词是表达“期望”在认识上的确定性级差，应此可以兼容。

“期望”类动词与情态词之间的兼容性主要是语义关系，与时体关系不大。

(三)“认识”类

“认识”的情状有两类。一类是光杆“认识”表示已然客观事态(事实性)，这与“等于”相同，既然表述的是已然事态，因此不接受“没”的否定，但接受“不”的否定。看下面的例句：

(13)他认识张三。

说话人主观上认定“他认识张三”，是在陈述一个已然事实。另一类是表示未然主观行为的“认识”，例如：

(14)你应该去认识一下张三。

本文暂不讨论。“认识”的光杆用法接受认识情态词中的3个情态词“可能”“应该$_{认}$”“一定”。例如：

(15)张三可能认识李四。

(16)张三应该$_{认}$认识李四的。

(17)张三一定认识李四。

以上例句都是说话人主观上对“认识”这一事实的不同模态的确定。以上“一定＞应该＞可能”构成模态等级。

除此之外的其他情态词很难与“认识”组合，例如：

(18)＊可以$_{道}$认识，＊必须认识，＊应该$_{道}$认识，＊会$_{能}$认识，＊

能认识，* 愿意认识

如何解释(18)？第一，道义情态只能对未然的事件进行约束，而(18)中“可以$_{道}$”“必须”“应该$_{道}$”是对已然事实“认识”进行约束，这在认知世界中无法接受。第二，认识情态的“可以$_{能}$”“会$_{认}$”也因为对已然事实作出未然判断构成矛盾①。同理，作为能力或意愿的能愿情态词“会$_{能}$”“能”和“愿意”也无法对一个已然事实进行能力或意愿上的有效述谓②。

但若为表述未然行为的“认识”则以上(18)中所有不合格的组合都可以成立。那么“认识”应该归入能与所有情态词组合的第二类动词。

因此，作为已然事态的“认识”只能选择有模态等级属性的“可能、应该、一定”，拒绝表未然的“会$_{认}$”及道义和能愿情态词。因为它们无法约束已然事态，所以全部被“认识”拒绝。

“认识”与情态词之间存在时体一致性，选择能满足表已然特征的情态词。

(四)“尊敬”类

光杆“尊敬”的时体特征与“认识”一致，光杆形式表示客观已然事实，如：

(19)张三尊敬李四。

如果带上句尾体标记“了”则表示在参照时间之前“尊敬”不是一个已然事实，即张三以前没尊敬李四。这个“了”也表示“变化”。

但是有一点与“认识”大不同。“认识”是一个客观事态，“认识”是一个行为，而“尊敬”总是表达主观态度。由于“尊敬”的主观属性，陈述句光杆“尊敬”自然接受下列几个具有主观特征情态词的述谓：可以$_{道}$、必须、应该$_{道}$、愿意、可能、一定、会$_{认}$、应该$_{认}$。除了“可能”“一定”，另外

① “会 2”与“可能”的区别在于，“会 2”是对未然事件的预测，“可能”则可以是对已然事件的确定性评估。

② 如果是“我愿意认识李四”那不是“认识 1”而是“认识 2”。

几个情态词在与“尊敬”组合后都预设事态的未然性：

(20)你可以$_{\text{道}}$尊敬他(之前没尊敬——无论表示“许可”还是“能愿”)。

(21)你必须尊敬他(之前没尊敬)。

(22)张三应该$_{\text{道}}$尊敬他(之前没尊敬)。

(23)张三愿意尊敬他(之前没尊敬)。

(24)过段时间张三会$_{\text{认}}$尊敬他的(之前没尊敬)。

(25)过段时间张三应该$_{\text{认}}$尊敬他的(之前没尊敬)。

但是“可能”和“一定”不同：

(26)张三可能尊敬他。

(27)张三一定尊敬他。

此两句中的“尊敬”已然未然均可,“尊敬”发生在参照时间前或参照时间后都允许。其体态特征取决于语境。

由于在同一表述中,态度和能力是两个不能兼容的语义范畴,因此“尊敬”类动词排斥两个表示能力的情态词:能、会$_{\text{能}}$[①]。在“尊敬”事件中,只能选择态度而不能选择能力。

以上证明,光杆“尊敬”是已然的,但带上情态词则在参照时间上分为两类:“可以$_{\text{道}}$”“必须”“应该$_{\text{道}}$”“会$_{\text{认}}$”“愿意”所述谓的事件是未然的,“可能”“一定”所述谓的事件则可以为已然的。“尊敬”类动词与情态词之间存在时体一致性和语义一致性的选择关系。

(五)小结

本小节所讨论的四类动词,其光杆形式均表示事态已然。但带上相应的情态词,其事态的时体属性会发生变化。

(1)“等于”类光杆形式与情态词之间无时体制约关系。

① “尊敬”是一种主观态度,无能力属性。

(2)“认识”类光杆形式表现事件已然，只选择有模态等级属性的“可能、应该、一定”，拒绝无法述谓已然事实的情态词。

(3)“期望”类动词与情态词之间的兼容性主要是语义关系，与时间性关系不大。

(4)“尊敬”类光杆形式表现事件已然，“尊敬”对情态词具有时体和语义上的选择性。

按动词所能接受的情态词范围排列，我们可以得到表2。

表2 情态词覆盖等级表

	一定	应该$_{道}$	可能	应该$_{认}$	会$_{认}$	可以$_{能}$	必须	可以$_{道}$	愿意	会$_{能}$/能
认识	+		+	+						
等于	+	+					+			
期望	+	+	+		+	+				
尊敬	+	+	+	+	+	+	+	+	+	
	4	3		2				1		0

根据其数量上选择等级可描述为①：

[一定] > [可能/应该$_{道}$] > [应该$_{认}$/会$_{认}$/可以$_{能}$/必须] > [愿意/可以$_{道}$] > [会$_{能}$/能]

4　3　2　1　0

第一等级为“一定”，四类动词都接受，第二等级是“应该”和“可能”，分别为三类动词所接受，第三等级是“可以$_{能}$”“会$_{认}$”和“必须”，分别为两类动词所接受，第四等级是“可以$_{道}$”“愿意”，只有一类动词能接受，第五等级是“会$_{能}$/能”，没有本节所讨论的动词可以与其组合。

这五个情态词从与A类四个动词的可组合的频次上看，可分为以下三个等级：认识情态、道义情态、能愿情态。根据以上结论，即使是以

① 下标数字为合格使用的频次。

上小样本的研究，或许可以提出，认识情态是使用范围最广的情态，道义情态其次，能愿情态词的使用受限。

通过以上11个情态词与本节讨论的四类动词的句法组配还可以发现，光杆动词句有自己的时体属性（或词汇体较为凸显，在最简结构中可直接投射到句子平面）。以上四类动词所构成的事件中，情态词对其中两类在时体意义上有重要影响，动词的词汇体或行为类型（Aktionsart）和情态时之间存在制约关系，以往对汉语行为类型分类的研究还需要进一步调整以便对应短语或小句的体貌类型，而不是对动词作简单的语义分类。

二、B类动词及其“V了”形式与三类情态词的选择限制

汉语中四个典型的体标记都表已然（已然内区分不同的时阶：起点段/点，持续段，结束段/点等）[①]，且“了”的分布最广泛。上文讨论了4类动词，剩余的8类动词，除“向”类以外，其他7类动词均可与“了”组合，但与其他三类体标记的组合都受限[②]。有趣的是，它们却都可与“了”组合。为此本小节讨论这8类动词以及带时体标记“了”[③]后与以上三类情态词之间的选择限制。限于篇幅，其他三类典型体标记另文讨论。

（一）“相信”类

上一小节所讨论的四类光杆动词句都表示已然事态。这符合语言的经济原则，名词预设对象的存在，动词预设运动的存在（即实现）。同理，除非特殊语义限定，光杆动词构成的最简结构预设该结构所表达的事件或状态的实现。本节讨论的“相信”类也属此类，如：

① 金立鑫、谢昆、王晓华等：《完整体与阶段体的类型学内涵与外延》，《当代语言学》2020年第4期。

② 金立鑫、于秀金：《普通话动词与“了、过、着、在”的组合与限制》，《汉语学习》2022年第3期。

③ 本文尽量避免动词结尾句后的“了”，避免区分“$了_1$”还是“$了_2$”的麻烦。

(28)张三相信李四。

(28)"相信"以光杆形式表已然体。这一点与前面的"等于""认识"一致。再看：

(29)张三相信了李四。

(29)意思是在参照时间之前,张三并不相信李四。(28)的"了"改变了(28)的体类型。下面讨论问题一,光杆"相信"分别与11个情态词组合所表达的功能范畴有哪些;问题二,为什么情态词和体标记"了"之间会出现是否兼容问题。

问题一,前文提及,以上光杆动词单用倾向于事件已然。如前面讨论过的"等于""认识""期望""尊敬",以及(28)。任何情态助动词都可以对本文B类动词中的任何一个光杆动词进行述谓,改变事件的确定性、能愿性、道义性以及体属性。这个问题相对简单,以下分析问题二。

在我们所能观察到的所有11个情态词与"相信+了"的结构中,三组合格,七组不合格。如下：

(30)张三可以$_{道}$相信(＊了)李四。

(31)张三应该$_{道}$相信(＊了)李四。

(32)张三必须相信(＊了)李四。

(33)张三会$_{能}$相信(＊了)李四。

(34)张三能相信(＊了)李四。

(35)张三愿意相信(＊了)李四。

(36)张三可能相信(了)李四。

(37)张三应该$_{认}$相信(了)李四。

(38)张三一定相信(了)李四。

没有"了"全部合格,有"了"中8个不合格。我们试图从时体角度寻求解释。

以(30)为例做如下最小对立对分析(沿用例句原序号):

(30a)＊张三可以[1]相信了李四——删除"了",得:

(30b)张三可以相信李四。(相信—未然)——删除"可以",得:

(30c)张三相信李四。(相信—已然)——添加"了",得:

(30d)张三相信了李四。(相信—已然)

以上操作证明,"了"与"可以相信"是典型的不相容选择关系,二者中任何一个单独出现如(30b)(30d)或二者均不出现(30c)句子都成立。(30a)由(30b)与(30d)合取,因此(30a)是由时体意义的冲突构成的。以此类推,(30)—(35)这几个不合格句都可以得到解释——这些情态词都是倾向表达未然体事件,而其控制的小句却都使用了已然体标记"了",由此造成语义冲突。

(36)—(38)3个合格句的情态动词倾向于表达已然事件,其所控制的小句事态都是已然的。(30)—(35)这几个不合格例句的情态词倾向于表达未然事件小句,而实际上小句使用了已然体标记"了",情态词的体要求与小句的体类型冲突构成整句不合格。

需要补充的是,同样是认识情态的"会$_{认}$"也无法与"相信＋了"组合。究其原因还是"会$_{认}$"倾向表示未然事件。

以上分析显示,汉语情态词控制其后的小句,包括小句内动词的体标记,其结构层次为M＋VP。"了"在VP内,因此是"M [VP了]"。

下面讨论"情态词＋相信＋了"。

根据观察,将以上例句(29)—(35)全部转换为单用"了"的结构,结果发现全部合格。语义功能上,"了"将前面带情态词的小句所表达的事件转变为在参照时间点上"实现"的状态。例如,"张三可能相信李

① 若无必要,"可以"不再区分为"可以1"和"可以2"。

四”作为一种情态揣测，在句子末尾加上“了”，这种揣测就在时间上定位于说话时间的那一刻（包括近过去），即“张三可能相信李四”的事件在说话的那一刻成为现实。在这里“了”可以解释为表达“当时相关性”①。

同理，(28)“张三相信李四”为已然体。但如果在句末加“了”，则预设说话前事件是未然态（不相信李四），“了”表示在参照时间点前一刻事态发生了变化，从不相信变为相信。这种体的变化与“相信”带“了”一样，但带“了”的结构不提供参照时间，而“了”提供了“当前相关状态”的参照时间。②

由此我们也可以观察到，以上例句中“了”的直接成分应该是前面的小句，而该小句又是一个情态句。因此这些“S_{ubj}＋M＋相信＋O_{bj}＋了”的句子结构都可以简化为情态短语 MP 带“了”（MP＋了）。其结构第一层次的切分为“张三应该$_{认}$相信李四/了”“张三一定相信李四/了”，即 MP＋了。也就是“了”对前面的情态事件小句进行“说话参照时间的定位”，即在以说话时间为参照时间点上，该情态（应该、可以、可能、一定……）成为现实。对比下面两个例句：

(39)张三相信李四了。

(40)张三可能/一定/应该相信李四了。

(39)中的“了”是在说话的参照时间点上对已然事实“张三相信李四”的确认（蕴含之前不相信），(40)是对情态短语“一定 P”（MP）在说话的参照时间点上的确认。“了”所述谓的是 MP，是对 MP 的句法操作。

简言之，“相信”类动词小句的情态词与小句事件的体之间有制约

① Charles, N., Thompson, S. A. & Thompson, R. M., The Discourse Motivation for the Perfect Aspect: The Mandarin Particle le, in Hopper, P. J. ed., *Tense Aspect: Between Semantics & Pragmatics*, Amsterdam: John Benjamins, 1982, pp. 19-44.

② Charles, N., Thompson, S. A. & Thompson, R. M., The Discourse Motivation for the Perfect Aspect: The Mandarin Particle le, in Hopper, P. J. ed., *Tense Aspect: Between Semantics & Pragmatics*, Amsterdam: John Benjamins, 1982, pp. 19-44.

关系，带“了”只能与可表示已然事件或状态的 A 类三个情态词组合，“了”则不受限制，表示在说话参照时间上肯定特定情态的实现（已然和变化）。[①]

限于篇幅，以上讨论过的基本原理和证明过程在下面所有样本的分析中不再重复。

（二）“包含”类

“包含”类动词无论是否使用“了”都不影响使用光杆动词结构的时体大类特征。例如：

（41）付款码包含（了）用户信息。

（41）带不带“了”都是已然体。拿（42）对比：

（42）张三吃（了）三文鱼。

（42）不带“了”句子为惯常体，带“了”为有定事件（若有形态，“吃”应该是定式动词），若不带“了”则有惯常或属性特征，而非某一特定事件。有趣的是，前面所讨论过的 5 类动词带“了”都蕴含之前事件为未然状态，而（42）带“了”并不蕴含之前的状态为“未然”，即光杆形式为已然，带“了”后并不预设之前为未然。

下面观察“包含”类动词带“了”与各情态词的组配限制。

（43）付款码可以$_{道}$包含（*了）用户信息。

（44）付款码应该$_{道}$包含（*了）用户信息。

（45）付款码必须包含（*了）用户信息。

（46）*付款码会$_{能}$包含（了）用户信息。

（47）*付款码能包含（了）用户信息。

（48）*付款码愿意包含（了）用户信息。

① 王珏：《由功能模式出发研究语气词口气及其系统》，《中国语文》2020 年第 5 期；王珏：《由语气结构确定语气词的上位范畴》，《语言科学》2021 年第 3 期。

(49)付款码可能包含了用户信息。

(50)付款码应该$_{\text{认}}$包含了用户信息。

(51)付款码一定包含了用户信息。

(41)—(51)这11个例句只有最后3个合格。这3个合格结构容易解释,即对某种事件/状态做出可能性等级的推断,该事态预设为已然。(43)—(45)都是道义情态范畴,时间逻辑上,任何道义情态对任何已然性事件/状态进行约束是没有意义的。道义对未然事件/状态才有约束价值。因此,(43)—(45)若不带"了"可以成立,而带"了"则不能被接受。这是由道义约束未然事件而小句事件为已然状态冲突造成的。

(46)—(48)例的主语为无生名词论元,但该三例的情态词都要求"有生+人类"论元,这里形成冲突。这与本文所重点关注的时间问题无关。(46)中的"会$_{\text{认}}$"作为认识情态中对事件发生的可能性推断,可以对未然事件/状态进行推断。(46)之所以别扭,是受到"会$_{\text{能}}$"的影响,若必须表达对未然状态的推断则可选择更典型的(49)—(51)。(49)—(51)为A类情态词,前文指出过与已然兼容。

将以上(43)—(49)全部转换为"了",则以下例句不合格:

(52)付款码应该$_{\text{道}}$包含用户信息(*了)。

(53)*付款码会$_{\text{能}}$包含用户信息了。

(54)*付款码能包含用户信息了。

(55)*付款码愿意包含用户信息了。

(56)*付款码会$_{\text{认}}$包含用户信息了。

(52)与前文解释过的道义情态无法约束已然事件有关。(53)—(55)不合格与动词所要求的主语论元的生命度有关,(56)不合格与上面我们解释(46)不合格的原因相同,与"会$_{\text{能}}$"相关。"会$_{\text{认}}$"与"会$_{\text{能}}$"同形容易引起迷惑。

结论,“包含”类动词小句的情态词与小句事件的体之间有制约关系。具体表现为道义情态只对未然事件进行操作才有意义,对已然事件进行道义约束没有意义。能动情态要求主语有生命。A类情态词可以对已然事态作不同模态的断言。

(三)“成为”类

光杆“成为”构成的动词句也是已然体,但它似乎更多表达将来的状态。这表现在它对否定词只选“没”而不选“不”的对立上。此外“成为”还不能与“着”和“过”组合,但可以与“了”和“在”组合。下面观察它与“了”以及各情态词之间的组合限制。

(57)张三(昨天)成为国家队员。

(58)张三(昨天)成为了国家队员。[①]

“了”在“成为”最简结构中似乎是冗余的。再来看“成为了”与各情态词的组配限制:

(59)张三可以$_{道}$成为(*了)国家队员。

(60)张三应该$_{道}$成为(*了)国家队员。

(61)张三必须成为(*了)国家队员。

(62)张三会$_{能}$成为(*了)国家队员。

(63)张三能成为(*了)国家队员。

(64)张三愿意成为(*了)国家队员。

(65)张三可能成为了国家队员。

(66)张三应该$_{认}$成为了国家队员。

(67)张三一定成为了国家队员。

① 这两个例句句法上合格,但独立成句还需要提供一个事件的参照时间,如“昨天”或者句尾“了”。因为“成为”与前面的恒常性动词不同,是一个表示时间点上状态变化的动词,需要提供变化时间点。

以上 11 个情态词与“成为了”组合所受到的限制与上面的“相信了”“包含了”一致(包括最后三例合格,其他 8 例不合格)。(59)—(64)的情态词属 B 类倾向表达未然体,而其约束的小句却有已然体标记“了”,由此造成语义冲突。

将以上(59)—(64)转换为带“了”的句子结果全部合格(限于篇幅不再呈现),原理与“相信”类相同。“成为”类动词小句的情态词与小句事件的体之间有制约关系。

(四)“离开”类

“离开”带典型体标记有三种用法:

(68)张三离开了我们。

(69)张三离开过我们。

(70)张三(正)在离开我们。

“离开”类动词拒绝“着”。光杆“离开”作谓语构成的结构似乎无法自立。下面观察 11 个情态词与“离开了”的组合限制:

(71) * 张三可以$_{道}$离开了我们。

(72) * 张三应该$_{道}$离开了我们。

(73) * 张三必须离开了我们。

(74) * 张三会$_{能}$离开了我们。

(75) * 张三能离开了我们。

(76) * 张三愿意离开了我们。

(77)张三可能离开了我们。

(78)张三应该$_{认}$离开了我们。

(79)张三一定离开了我们。

非常有意思,以上 11 个情态词与上面的“相信了”“成为了”句法条件基本一致,原理也相同。若将(71)—(76)中的“了”全部转换为“了”,结果也全部合格，其中个别例句可能需要一定的句法语境条件。这些“情态词＋离开＋了”合格的原理也与前面“相信、包含、成为”一致。“离开”类动词小句的情态词与小句事件的体之间存在制约关系。

（五）“有”类

“有”在携带否定的句法限制上与“成为”一致，只能有“没”的组合，而没有“不”的组合。这与“不”倾向否定未然、“没”倾向否定已然有关。光杆“有”的句子为已然体，例如：

(80)张三有钱。

这是“有”本身蕴含已然语义的结果。与“有”语义相同的词在不少语言中有语法化表达完成体的功能，如英语、法语、德语、现代希腊语、冰岛语、瑞典语、葡萄牙语等。[①] 汉语中的“有”在体标记上兼容“了”“着”“过”。使用“过”则表示在参照时间点前有，而在参照时间点之后失去（或回到原先“没有”的状态）；使用“着”则表示在参照时间点前后都有。

下面观察“有了”与各情态词的组合限制条件。请看例句：

(81) * 可以$_{\text{道}}$有了钱。

(82) * 应该$_{\text{道}}$有了钱。

(83) * 必须有了钱。

(84) * 会$_{\text{能}}$有了钱。

(85) * 能有了钱。

(86) * 愿意有了钱。

(87)可能有了钱。

(88)应该$_{\text{认}}$有了钱。

(89)一定有了钱。

① Dahl, Ö., *Tense and Aspect Systems*, Oxford: Blackwell, 1985.

与上面(一)(二)(四)节的结果一致。原理与前文一致,A类情态词可与已然事态组合,B类情态词表未然事态,与句中表已然的“了”冲突。将以上例句转换为带“了”的句子,得:

(90)*可以$_{道}$有钱了。

(91)*应该$_{道}$有钱了。

(92)*必须有钱了。

(93)*会$_{能}$有钱了。

(94)*能有钱了。

(95)*愿意有钱了。

(96)可能有钱了。

(97)应该$_{认}$有钱了。

(98)一定有钱了。

(90)(91)需句法语境条件。[①] “有”字句表达一种客观现实,带“了”后表达由“没有”到“有”的变化。这一语义与表道义(92)、将来(93)和主观意愿(94)及能力的(95)不兼容。“有”类动词小句的情态词与小句事件的体之间有制约关系。具体表现为道义、意愿等情态与未然时体相关,与已然时体相悖。(96)—(98)表示这种变化的可能性,合乎模态逻辑规则。

(六)“吃”类

这是所有动词中唯一能与四个典型体标记组配的动词,而且也是数量上最多的动词,根据金立鑫等学者的观点,占所有与四个典型体标记组合逻辑可能的半数以上。[②]

光杆“吃”的体特征一般为惯常体,例如:

① 正常社会条件下,任何人道义上无权决定或允许任何公民的物权。

② 金立鑫、谢昆、王晓华等:《完整体与阶段体的类型学内涵与外延》,《当代语言学》2020年第4期。

(99)张三吃馒头/食堂。

下面观察这类动词带“了”与情态词组配的条件限制：

(100)＊张三可以$_{道}$吃了三文鱼。可以$_{道/}$/吃了

(101)＊张三应该$_{道}$吃了三文鱼。

(102)＊张三必须吃了三文鱼。

(103)＊张三会$_{能}$吃了三文鱼。

(104)＊张三能吃了三文鱼。

(105)＊张三愿意吃了三文鱼。

(106)张三可能吃了三文鱼。

(107)张三应该$_{认}$吃了三文鱼。

(108)张三一定吃了三文鱼。

以上组配限制条件与前面讨论过的“相信了”“包含了”“成为了”“离开了”“有了”一致，前文已经做过解释，此处不赘述。将以上例句全部转换为带“了”的结构，全部合格。但原带“了”不合格的例句带上“了”同样不合格。如下：

(109)张三可以$_{道}$吃(＊了)三文鱼了。

(110)张三应该$_{道}$吃(＊了)三文鱼了。

(111)张三必须吃(＊了)三文鱼了。

(112)张三会$_{能}$吃(＊了)三文鱼了。

(113)张三能吃(＊了)三文鱼了。

(114)张三愿意吃(＊了)三文鱼了。

(115)张三可能吃(了)三文鱼了。

(116)张三应该$_{认}$吃(了)三文鱼了。

(117)张三一定吃(了)三文鱼了。

前文指出，“了”所述谓的是 MP，是对 MP 的句法操作，即 MP＋

了。“了”是对情态短语 MP 在参照时间点上的确认。此处各类情态短语带“了”的大都如此。从以上所有例句所显示的以及前文各类动词所分析的结果可见,“吃”类动词小句的情态词与小句事件的体之间有制约关系。

以上所讨论的 6 类动词都具有较典型的动词性特征,其情态词与体之间的制约关系大致相似。但是下面两类动词并不典型且比较异类,但根据郭锐以及金立鑫等的分类,为保证课题的逻辑周延性,下文仍继续描写。[①]

(七)“继续”类

“继续”更多的是用作副词,单用实际上隐含着一个行为动词。如果将单用看作动词,可能是唯一一个携带时体标记“了”“着”“在”而不能带“过”的动词。金立鑫、于秀金认为,“继续”所带的“了”貌似“了”,且无光杆形式带“了”。[②] 如例句:

(118)你们/我们/他们继续。

(119)他们(无法)继续了。

(120)歌声在继续。

(121)市场继续着成交热度。

(122)＊歌声继续过。

光杆“继续”在最简结构中(118)中一般理解为未然体,多用于祈使或应答。带“了”“着”“在”表已然。但不能带“过”。根据陆方喆、朱斌“‘V过’表示动作处于终止后的还原状态,而‘继续’表示动作终止后再次进行,行为没有还原,因此不能用‘过’”[③]。下面讨论“继续”与各情态词的组配。

① 郭锐:《汉语动词的过程结构》,《中国语文》1993 年第 6 期;金立鑫、谢昆、王晓华等:《完整体与阶段体的类型学内涵与外延》,《当代语言学》2020 年第 4 期。

② 金立鑫、于秀金:《普通话动词与“了、过、着、在”的组合与限制》,《汉语学习》2022 年第 3 期。

③ 陆方喆、朱斌:《经历体“过”与可还原性》,《世界汉语教学》2023 年第 2 期。

(123)张三可以$_{道}$继续(了)。

(124)张三应该$_{道}$继续(了)。

(125)张三能继续(了)。

(126)张三一定继续(了)。

(127)张三愿意继续(了)。

(128)张三可能继续(了)。

(129)张三必须继续(*了)。

(130)张三会$_{能}$继续(*了)。

(123)—(128)中的情态词都可以表达未然事件,与“继续”的光杆用法语义兼容,保持时体一致性。(129)(130)不能用“了”,因为违反时体一致性规则,构成语义冲突。由此可见,本节讨论的“继续”类动词与情态词之间也遵守时体一致性原则。

(八)“向”类

与前面所有动词不同的是,“向”作动词用拒绝带“了”和“在”,时体形态上表现为:

(131)儿子向你。①

(132)儿子向着你。

(133)儿子(也)向过你。

(131)表示已然状态,一般不用“了”,用“了”反而不自然。但可以使用“了”,如:

(134)儿子向你了。

有意思的是,与认识”类一样,不用“了”表示已然。(131)与(132)用不用“着”意思相差不大。可见“向”这类动词的光杆形式也有已然体

① 意思是,在父母之间孩子更亲近谁更维护谁。

性质。

下面观察“向”搭配“了”与各类情态词的限制。请看(可以将下面例句中的“向”替换为“向着”,语感上或许更自然):

(135)儿子可以$_{道}$向你了。

(136)儿子应该$_{道}$向你了。

(137)儿子必须向你了。

(138)儿子会$_{能}$向你了。

(139)儿子能向你了。

(140)儿子愿意向你了。

(141)儿子可能向你了。

(142)儿子应该$_{认}$向你了。

(143)儿子一定向你了。

(135)—(143)全部合格。参照金立鑫、于秀金的分析,“了”与动词之间的组合受动词类型的影响。① 并非所有动词都接受“了”,但“了”几乎不受动词类型的限制。② 以上例句似乎也说明“了”与各种情态短语之间的限制比“了”少。上面某些例句看起来似乎有些勉强,但这些例句在不少语境中可以接受,如例句(137)。由此我们可以进一步证实,“了”的句法功能是在参照时间点上报道某事态的已然性,并且该报道预设事态在参照时间之前为未然体,而将“了”解释为表“变化”,在此处同样有效。

由于“向”不带“了”,我们也无从描写其带“了”与各类情态词之间在时体上的制约关系,略过。

(九)小结

本节讨论的B类的7类动词(相信、包含、成为、离开、有、吃、继续)

① 金立鑫、于秀金:《普通话动词与“了、过、着、在”的组合与限制》,《汉语学习》2022年第3期。
② 王珏、黄梦迪:《“了$_1$”和“了$_2$”成句能力的制约因素》,《汉语学习》2020年第1期。

的"V+了"结构，大部分不接受"可以$_{道}$""应该$_{道}$""必须""会$_{能}$""能""愿意"这几个情态词的述谓，该类情态词因其未然性情状语义特征与小句中的已然事态形式"V+了"构成语义冲突，但接受本文划分的3个A类情态词(可能、应该$_{认}$、一定)的述谓。可见情态词也具有时体性质。

在本文所观察的11类情态词中，三个A类情态词"可能""应该""一定"的使用覆盖率和合格率最高。

描写显示，情态词与"了"的结构层次为M［V了O］。"MP+了"相对"MV+了"在条件限制上要宽松得多。除了特别原因，其主要功能是在"说话参照时间"上确认特定情态的实现(已然)。非典型的"继续"除外，"相信、向、成为、离开、吃"使用"了"可以接受所有情态词，构成合法"MP了"结构。其结构层次为MP+了，"了"是对情态小句Mood的操作，小句中的情态词是"了"的敏感成分。"了"、情态词、"了"由高到低分属三个不同的句法层次：［"了"［情态短语［"了"［VP］］］］。

某些语义冲突引起的非法结构或许由动词(如"包含")本身需要主事具有人类语义属性(能愿情态词)而句法主语不具备引起。但这不影响本文对情态词与行为动词之间在时体制约关系上的描写与抽象。"包含"类中"应该$_{道}$""会$_{能}$""能""愿意""会$_{认}$"与"VP+了"构成冲突应该与事件和句法主语缺乏人类语义特征有关。不属于本文所讨论的情态词与动词时体之间的关系。"有"拒绝"必须""会$_{能}$""能、愿意"类，到底是因为缺乏变化性还是自主性而与"了"构成冲突，还需研究。

结　语

本文的写作更多的是为了展现语言研究是"就具体样本进行操作性分析证明，而非以研究者语感代替证明的方法"。因为语言学是一门经验科学，经验科学应该采用实证的方法来研究。本文对所列出的情态词和动词逐一进行了句法组合上的描写。虽然样本或描写可能存在因语感不同而形成不同的结论,但无论如何,该研究可以由其他学者重复并证明或证伪。希望这种经验科学的研究方法能在语言学界更多见到。我们也希望语言学界有更多实证性的、具体的描写和研究,而不是凭借某些观念而形成的所谓的理论阐述。

本文所观察的情态、动词、句子时体三者之间存在制约关系。情态和动词之间的关系可以通过情态词与光杆动词之间的句法关系来观察。情态与句子时体之间的关系可以通过情态词与动词所携带的各种时体标记构成的短语之间的关系来观察,从中发现情态和特定时体小句之间的制约关系。这些是本文的基本思路。这一研究的过程和结论都可以被重复或被证伪。

本文描写了限定的情态词和几类能携带不同时体组合标记的代表动词之间的条件限制。本文以外的其他情态词未能观察,并且这几类能携带不同时体组合标记的动词每一类内部很可能存在差异。本文所得到的某类动词与各种情态词的组合限制并非一定是该类动词所有成员的共性特征。这一问题寄希望于后续的重复和推进。

本文描写所得到情态词与动词词汇体之间的时体一致性、情态词与体标记“了”之间的时体一致性需要更多更广泛语料的描写、证明或证伪。本文描写所得到的情态词对动词的覆盖等级也还有待进一步证明。

现代汉语新创结构“被×”的现状与展望

邵春燕 陈之昊 刘思迅*

【摘要】 现代汉语新创结构“被×”于2008年始见于网络。相关研究分别从句法、语义、语用和修辞等角度展开，也有研究探讨“被×”的社会动因和衍生机制。关于该结构的文献虽然数量可观，但质量参差不齐，相关结论互相矛盾。因此，迫切需要对“被×”的研究现状、研究发现和研究问题进行梳理，以期对这一新生特殊结构的深入探究提供一定的借鉴。

【关键词】 被×；现代汉语；衍生机制

引 言

发端于网络的现代汉语新创结构“被×”迥异于传统被字句（被VP）。后者VP位置只允准具有强及物性的动词，如“被封杀”“被辱骂”等，而“被×”中×位置不仅可以容纳不及物动词（被下岗）、名词（被爱心）、形容词（被和谐）、及物动词（被代表），甚至数词（被67%）、字母组合（被3D）以及缩略词（被GFW）均可进入，×位置的词类呈现多样化。“这种现象在汉语句式的句法表现上是极为特殊的。”①因此，该结构自诞生之日起就受到学界的广泛关注，讨论重点集中于“被”的语法范畴

* 作者简介：邵春燕，山东大学外国语学院教授；陈之昊，山东大学政治学与公共管理学院硕士研究生；刘思迅，山东大学外国语学院本科生。

① 施春宏：《新“被”字式的生成机制、语义理解及语用效应》，《当代修辞学》2013年第1期。

和语法意义、“被×”的语法范畴和意义，以及衍生机制等。

一、“被”的语法范畴和语法意义

关于“被×”中“被”的语法范畴大致有四种观点：词缀说、助词说、介词说、语法标记说。“被”首先视为词缀，是因为其形式上位于双音节×之前，但由于其所构成的“被×”仍未完全凝固、定型，说明该结构的词化程度还不是很高，因此“被”应当是新兴类前缀①；词义上，“被”表示“被迫或迫使义”②，但金秋、力量虽然认同“被”是准词缀，却认为其意义已经虚化，由被动标记转化为否定标记③；李敏、李莉也认为“被”粘附性及类推性增强，加在名词、动词、形容词前构成结构凝练的动词成分，是由助词“被”虚化而来的前缀④。可见，“被”到底应当视为词缀还是类词缀，目前存在争议。

邱雪玫、李葆嘉描述了“被—”在“被×”发展中的演化过程，将“被—”当作一个位置固定、语义类化的实义性词缀⑤；相对于传统被字句，“被×”中的“被”的概念意义、语法意义和色彩意义诸方面都经历了非范畴化，完成了范畴化，其词素意义的范畴属性发生了变化，因此是在传统“被”的基础上发展而来的新义项⑥。

陈文博发现在“被×”中“被”需要重读，而词缀一般不承受句子重音⑦；同时，如果“被”为词缀，那么其所构成的新词语义应该是客观而稳

① 刘云：《新兴的“被×”词族探微》，《华中师范大学学报》（人文社会科学版）2010年第5期。
② 张恒君：《当代汉语新词“被×”探析》，《河南师范大学学报》（哲学社会科学版）2010年第3期。
③ 金秋、力量：《浅析“被××”新结构》，《徐州师范大学学报》（哲学社会科学版）2011年第5期。
④ 李敏、李莉：《网络流行语“被×”结构的特点及形成动因探析》，《鲁东大学学报》（哲学社会科学版）2011年第5期。
⑤ 邱雪玫、李葆嘉：《“被—”格式的演变轨迹及其语义模式》，《南京师范大学文学院学报》2013年第1期。
⑥ 骆牛牛：《论词素义的非范畴化——以“被××”的“被”为例》，《山东大学学报》（哲学社会科学版）2015年第3期。
⑦ 陈文博：《汉语新型“被＋×”结构的语义认知解读》，《当代修辞学》2010年第4期。

定的[①]，而“被”与上述特征迥异的表现表明词缀说不能成立；同时，词缀仅能粘附于词、类推能力弱，而在“被×”中，“被”位置固定、可以与词或短语组合、具有类化作用和类推潜能；另外，新创结构中的“被”不像传统的“被”可以引介施事，因此类似于传统的短被字句中的“被”，更像是词汇意义未完全虚化的助词。如淡晓红、何伟认为，“被”兼具被动、情态和评价意义三种意义[②]；“被”后的词语有被临时动词化的倾向，因此句法上可视为情态助动词。

王振来将“被”当作介词[③]，何洪峰、彭吉军认为其后的施事宾语由于语用要求而隐现[④]。此观点遭到王淑华、杨仁君的反对，因为“被×”的施事尽管在语境中能够确定，句法上并不能够补出。[⑤] 因此，介词说不成立。

也有研究将“被”视作语法标记，认为“被”是语境触发词，对构式义有贡献，是凸显外力的标示修饰限定词，“在语义上可以理解成表达‘被迫’‘虚假’‘传说’等意义的简缩表达形式”[⑥]。从语用的角度，“被”凸显主语与×所示事件的语义关联，促使人们挖掘被隐略的“深层结构中的使役者与主要谓语，从而充分地领悟话语的反讽意义”，是话题标记。[⑦] 结合“被×”在司法、高教和民生等领域中的表达，季小民、陈新仁发现“被”可表达被动、强迫和谣言等多种语义，因此“被”是一种特殊标记，但不一定是被动标记。[⑧]

无论是词缀说、助词说还是介词说，都对出现于其后的词或词组有较强的选择性，无法解释×词类的多样性，因此均不能全面概括“被”的

① 淡晓红、何伟：《新“被”字结构之功能视角研究》，《西安外国语大学学报》2017 年第 3 期。
② 淡晓红、何伟：《新“被”字结构之功能视角研究》，《西安外国语大学学报》2017 年第 3 期。
③ 王振来：《“被”的构句机制及情景语义分析》，《广西师范大学学报》（社会科学版）2012 年第 9 期。
④ 何洪峰、彭吉军：《论 2009 年度热词“被×”》，《语言文字应用》2010 年第 3 期。
⑤ 王淑华、杨仁君：《关于“被自杀”“被就业”等的语言学考察》，《宁夏大学学报》（人文社会科学版）2011 年第 4 期。
⑥ 熊学亮、何玲：《刍议“被”字新用》，《解放军外国语学院学报》2012 年第 5 期。
⑦ 姚俊、宋杰：《“被”字反讽句的认知与解读》，《外语学刊》2012 年第 1 期。
⑧ 季小民、陈新仁：《关联理论观照下新被字句的弱暗含探究》，《外语研究》2017 年第 3 期。

特点。同时，“粘附性”和“类推性”既被视为词缀说的证据，也用于反驳词缀说，关键证据矛盾，结论的可靠性有待提升。语法标记说对于“被”所标记的内容，如语境、反讽还是构式，仍存在分歧。

就语义内容而言，总体认为“被”表示被动、否定或被动加否定，但其预设都是“被”发生了语义变化，独自承载了“被×”的语义特殊性。事实上，没有足够的证据表明“被×”的意义是由“被”单独决定的。

二、“被×”的语法范畴和意义

（一）“被×”为复合词、短语或词组

“被×”在功能上作为一个类化结构可以充当话题、修饰语、宾语和述语，特指某些社会事件或现象①。王灿龙认为这是突破常规的另类搭配②，刘斐、赵国军称之为“被组合”③，本质上也是将其视为短语。刘云将“被×”当作三音节复合词，常用于表示主语处于被处置的“遭遇”或“不愉快”状态，其所表示的事件具有不真实性，但该结构的“被动”“处置”义明显减弱，而“非自愿”“非自觉”意味明显增强。④ 无论是复合词、词组还是短语，本质上都认为“被×”组合具有临时性和百科知识特征，并未凝固成词或进入语言知识的范畴。

（二）“被×”为句法结构

还有研究将“被×”当作句法结构，语义上可分为“被动”类、“否定”类和“被动＋否定”类。

“被动”类留意到“被×”的被动承受关系⑤，但是更强调句中的非自愿、非自觉意味，即虽然相对于传统被字句，“被×”的主语与×之间不

① 邱雪玫、李葆嘉：《“被—”格式的演变轨迹及其语义模式》，《南京师范大学文学院学报》2013年第1期。
② 王灿龙：《“被”字的另类用法——从“被自杀”谈起》，《语文建设》2009年第4期。
③ 刘斐、赵国军：《“被时代”的“被组合”》，《修辞学习》2009年第5期。
④ 刘云：《新兴的“被×”词族探微》，《华中师范大学学报》（人文社会科学版）2010年第5期。
⑤ 申智奇：《新型“被”字结构的认知语用解读》，《外语与外语教学》2011年第2期。

一定是受事关系，句子被动性减弱，但是“被×”总体表达了主语的不知情、不情愿，因此是新兴的被动格式，在修辞上多具有调侃意味。[①] 施春宏认为“被×”与传统被字句没有实质性的区别，“只是在常规‘被’字句下新颖而精巧的套装而已”，通过两层转喻后用比较凸显的语义内容×来转喻整个复杂事件，表达主语“蒙受”一个事件。[②] 刘斐、赵国军强调“被组合”表达出事件中受动者被压制、被欺骗、被愚弄的意义，折射出“个体权利的无奈追求，反映了公众政治参与意识的主动态”。[③] 王开文认为“被×”与传统被字句均表示消极意义，倾向于施事的有定性，其最主要的区别在于“被×”是弱势群体的反讽表达，体现了公众的政治参与。[④]

无论“不情愿、不知情”还是“被动承受”，持“被动”观点者大都注重“被×”与被字句的渊源关系，认为“被×”本质上没有脱离被字句，区别只在于它多大程度上继承了传统的“被动”义以及是否在“被动”义基础上有所拓展。

“否定”类强调“被×”所述内容与事实的背反。王淑华、杨仁君观察到“被×”的事件性特征，承认该结构可以表达“非意愿性”和“非现实性”。[⑤] 但是“这两种事件都表现出‘否定’的特征。第一种是事实或者性状的否定；第二种是施动者意愿上的否定”。陈文博认为“被×”的语法意义是“主观认定×并强加×”于句子主语，但其目的是要凸显“非×”，表达了“×”的不存在，因此是一个否定表达。[⑥] 从语用的角度，其否定机制在于，“被×”预设了与相关事件的理想认知模型的“偏离”，是一种非事实预设。[⑦] 以“被自杀”为例，它既可能传递违反事实的预

① 彭咏梅、甘于恩：《“被 $V_{双}$”：一种新兴的被动格式》，《中国语文》2010 年第 1 期。
② 施春宏：《新“被”字式的生成机制—语义理解及语用效应》，《当代修辞学》2013 年第 1 期。
③ 刘斐、赵国军：《“被时代”的“被组合”》，《修辞学习》2009 年第 5 期。
④ 王开文：《表示反讽的非及物动词被字结构》，《语言教学与研究》2010 年第 2 期。
⑤ 王淑华、杨仁君：《关于“被自杀”“被就业”等的语言学考察》，《宁夏大学学报》(人文社会科学版)2011 年第 4 期。
⑥ 陈文博：《汉语新型“被＋×”结构的语义认知解读》，《当代修辞学》2010 年第 4 期。
⑦ 颜力涛、唐厚广：《“预设”与汉语被字句的“偏离义”问题》，《语言研究》2016 年第 3 期。

设，表达“自杀”事件不存在，也可能传递违反真实性的预设，“自杀”事件不合理，二者均在预设中蕴含“偏离义”。

“被动+否定”类注重句子的语义描写和语用功能，认为“被×”表达“被迫、无奈”之义，凸显“否定、质疑”之义。① 如刘杰、邵敬敏将“被×”分为行为属性强加、状态属性强加和类属属性强加，表示“主观认定并强加于人”，与传统被字句互补，但在语用效果上凸显“非事实”，表达质疑、否定和无奈。② 在关联理论框架下可以发现，“被×”表达了其所述事件与事实的不符、相关主体的非自主选择、所涉施事的强势，以及说话人所表达的质疑、不满、批评和无奈等。③

上述观点的不同皆由其所关注的主体不同所导致。比如，聚焦“被×”中的主语，则认为它表达了当事人的“被动、非自愿”；聚焦隐含的施事，则认为该结构体现了相关权利方的“主观认定或强加”，从而凸显了“非事实、否定”义；而聚焦说话人，则认为从语用的角度，“被×”既表达了所陈述事件与事实的背离，又表达了的质疑、否定和无奈。由此可见，对“被×”意义的认识有待在统一标准下进行详细的梳理，从而深化对该结构在语义内容和语用效果上的统一认识。

(三)“被×”为构式

另有研究从构式角度展开，肯定“被×”的整体性，不简单区分语义内容和语用功能，但在对“被×”的意义判定上，观点不同。如，认为“被×”具有“贬义、胁迫、虚假”之义④，在语义上等于“宣称/声称”⑤。池昌海、周晓君⑥认为“被×”除表达“被动”和“贬义”，还具有一定的批判义。熊

① 许艳平:《另类“被”的结构特征及语用功能》,《中国石油大学学报》(哲学社会科学版)2011年第1期。

② 刘杰、邵敬敏:《析一种新兴的主观强加性贬义格式:“被××”》,《语言与翻译》2010年第1期。

③ 季小民、陈新仁:《关联理论观照下新被字句的弱暗含探究》,《外语研究》2017年第3期。

④ 王寅:《“新被字构式”的词汇压制解析——对“被自愿”一类新表达的认知构式语法研究》,《外国语》2011年第3期。

⑤ 冷慧、董广才、董鑫:《“新被结构”的原型语义分析及英文翻译初探》,《外国语文》2011年第5期。

⑥ 池昌海、周晓君:《新“被+×”结构及其生成机制与修辞意图》,《福建师范大学学报》(哲学社会科学版)2012年第4期。

学亮、何玲认定“被×”的构式义为“被动”，具体有被迫、虚假和传说三类。[①]

（四）小结

据此，关于“被×”的语法意义仍言人人殊，或为词，或为短语/词组，或为句式结构，或为构式。在判定其意义时，因标准不一，所以结论迥异。如注重句内主语与×事件的关系，则强调主语的受事身份和被动、受迫含义；若考察强势施事在×中的作用，则突出“被×”中的“强加、宣称”意味；若强调“被×”所述×与现实的悖逆，则认为“被×”有否定和违实的含义；而如果立足于言者发出“被×”的意图和态度，则凸显“被×”的质疑、无奈和嘲讽等语用意义。诸如此类的分歧也表明，目前仍欠缺对“被×”的全面考察与描写。

三、“被×”的衍生机制

关于“被×”的衍生机制主要有四种观点，即仿拟说、生成说、偏离说、构式说。[②]

（一）仿拟说

仿拟说首先强调“被×”与传统被字句的相同点，认为前者是对后者的模仿。邱雪玫、李葆嘉从结构上考察了“被×”与传统“被”词汇，认为前者是对后者结构上的习惯性套用和语义上的联想性模仿。[③] 从原型理论的角度，“被×”与“被”字句的原型结构均为“被＋及物动词”，语义上，二者的原型意义均为“消极”。因此，从家族相似性的角度，“被×”

① 熊学亮、何玲：《刍议“被”字新用》，《解放军外国语学院学报》2012年第5期。

② 模因说不能视作“被×”的衍生机制，而是其传播和扩展机制。同样，社会环境说也只是促使了“被×”的出现和发展，不能从结构上给予解释。

③ 邱雪玫、李葆嘉：《“被—”格式的演变轨迹及其语义模式》，《南京师范大学文学院学报》2013年第1期。

是被字句的一个成员。[1] 施春宏也指出"被×"套用了传统被字句的框架,二者在结构和语义上都具有"蒙受"义,没有本质的区别。[2] "被×"之所以不合常规,主要是因为它使用比较凸显的语义内容×来转喻整个复杂的(操控和施为)事件。结构上,仿拟说的另一种观点强调二者的不同,认为"被×"是对传统被字句的发展和改造。郑庆君发现,"被×"对传统被字句的突破体现在语法上("被"后允准非动词词性的表达)、语义上("被"后允准自动动词或无处置义的动词),或二者兼而有之,表达被"代替/认定/强迫"实施某行为动作。[3] "被×"对传统被字句的拓展还体现在语用方面。如,基于关联理论对"被"的概念义和程序义的描述表明:尽管"被×"与传统被字句结构表征相同,但其语用推理的结果不同。[4] "被×"或可视为对间接长被动句的拓展:省略了事件使役者和隐性主要谓语,句式上使用了与非人称受事不兼容的"被"字,构词成分上允准非作格化的动词,词类上允许非动词出现在"被"后,偏离了传统被字句,构成语用上的反讽。[5]

(二)偏离说

偏离说认为传统被字句不能满足说话者的表意需求,因此"被×"是对传统被字句的偏离、变异或新创。如"被×"中×常为光杆词,主语与×之间没有受事关系,而是表达"强制认定义",因此,打破了传统的组合模式,构成了一种异质感受,新结构突破了被字句的常规用法,使得由主语所表示的个体或者群体失去了自主决定权。[6]

杨炎华分析了两种借助词汇形式表达被动的句子,认为"被×"实

① 郭熙煌、孙小敏:《"被××"结构的原型理论解析》,《武汉理工大学学报》(社会科学版)2015年第2期。

② 施春宏:《新"被"字式的生成机制、语义理解及语用效应》,《当代修辞学》2013年第1期。

③ 郑庆君:《流行语"被+××"现象及其语用成因》,《西安外国语大学学报》2013年第1期。

④ 杨小龙、王天翼:《关联视域下的"被××"结构》,《外国语文》2019年第3期。

⑤ 姚俊、宋杰:《"被"字反讽句的认知与解读》,《外语学刊》2012年第1期。Yao J., Song J. and Singh M., "The Ironical Chinese Bei-Construction and Its Accessibility to English Speakers," *Journal of Pragmatics*, Vol. 55 (2013), pp.195-209.

⑥ 丁力:《变异"被"字句的异质感受与文化信息》,《汉语学报》2011年第3期;金秋、力量:《浅析"被××"新结构》,《徐州师范大学学报》(哲学社会科学版)2011年第5期。

为非句法形式句法化的结果，表达“评判”和“逼迫”，是被动句的新形式。[①] 申智奇则将这一结构当作认知能力语用化的结果，是借用被字句的语义内容和结构特征，结合语言经济性和言者的表达意图新创出来的结构，后经离境化将意义固定于“强迫性”和“虚假性”。[②] 托形嫁接是另一种偏离。池昌海、周晓君提出“被×”延续了被字句的结构形式，策略性地省略了语境施事和表“受迫、认定义”的述谓结构以达到修辞目的，但是二者的被动承受对象和语法意义的实现主体不同，是对被字句的“托形嫁接”。[③]

淡晓红、何伟认为“被×”不同于传统“被”字句，因为形式上“被×”不仅允准各类词性的表达，更“隐含一个被省略的投射小句”；在语义上，既表达情态意义，又暗含言者的评判和情感，体现了情态意义与评价意义的重合，而“被动”只是“被×”多种意义的一个。因此，“被×”与传统被字句存在着形式和语义上的差异。[④]

（三）生成说

以生成语法的语段理论为参照对“被×”的句法结构特征以及句法生成操作过程进行分析时，发现二者的结构推导方式相同。[⑤] 因此，“被×”并不是一种独立的语言现象，其被动化操作句法程序与句法原则相同。[⑥]

于善志、杨艳琴则认为“被×”是经过四次移位和合并后生成。[⑦] 以“被就业”为例。“就业”首先与轻动词“非现实”合并，而后移位与轻动词“致使”合并，新生成的 VP 结构与被字句合并，最后与 CP 合并生成

① 杨炎华：《“被＋××”的句法化及其词汇化》，《汉语学习》2013 年第 3 期。
② 申智奇：《新型“被”字结构的认知语用解读》，《外语与外语教学》2011 年第 2 期。
③ 池昌海、周晓君：《新“被＋×”结构及其生成机制与修辞意图》，《福建师范大学学报》（哲学社会科学版）2012 年第 4 期。
④ 淡晓红、何伟：《新“被”字结构之功能视角研究》，《西安外国语大学学报》2017 年第 3 期。
⑤ 韩媛、韩景泉：《汉语非常规“被”字句的句法推导》，《中国外语》2019 年第 2 期。
⑥ 韩媛、韩景泉：《汉语非常规“被”字句的句法推导》，《中国外语》2019 年第 2 期。
⑦ 于善志、杨艳琴：《最简方案框架下“主语＋被＋ViP”的句法生成探究》，《宁波大学学报》（人文科学版）2012 年第 6 期。

"被×"。黄正德、柳娜认为"被×"生成路径不同。[①] 他们对比古汉语的使动、意动和被动结构，认为"被×"并非新创，而是古汉语中零轻动词的重现，即该结构的被动含义并非来自×，而是因为"被×"含有一个表达使动、意动和被动的无声轻动词，是该轻动词的被动化赋予了"被×"被动的含义。[②] 宋定宇则发现"被×"是两个典型"受损"和"被动"融合而成的非典型结构，含有一个隐性致使结构。"被"作为被动标记，含有隐性否定算子，用于否定核心词汇，被动标记"被"则是异化的否定标记。[③]

（四）构式说

另有研究从构式或词汇压制角度描述"被×"的衍生过程，大致分为四种观点：词汇压制、构式压制、词汇和构式分别压制、构式新创。

王寅借用词汇压制，认为该结构中"被"压制了×，使其从非及物性调变为及物性。[④] 但是施春宏指出，压制应当取同而存异，而词汇压制说具有明显的取异倾向。[⑤] 熊学亮、何玲也不赞同词汇压制说，因为"被"不能改变整个"被×"的构式义，也无法压制×从而改变其词性。[⑥] 他们认为"被×"的构式义是"被动"，有被迫、虚假和传说三类，是在"被"与×简单语义组合产生矛盾时的重新解释，其"组合的异常性通过语境的介入凸显的多半是与事实相悖的社会认知共识"。从"被×"的来源来看，它是别动构式对相关社会事件的范畴化，是被动构式、相关动词与社会事件互动的结构，"其实质是构式压制即控制构型对相关事

① 黄正德、柳娜：《新兴非典型被动式"被××"的句法与语义结构》，《语言科学》2014年第5期。

② Huang C.-T. J. and Liu N., "A New Passive Form in Mandarin: Its Syntax and Implications," *International Journal of Chinese Linguistics*, Vol. 1, No. 1 (2014), pp.1-34.

③ 宋定宇：《汉英非典型被动结构对比考察——以"被自杀"结构为例》，《外语与外语教学》2018年第4期。

④ 王寅：《"新被字构式"的词汇压制解析——对"被自愿"一类新表达的认知构式语法研究》，《外国语》2011年第3期。

⑤ 施春宏：《新"被"字式的生成机制、语义理解及语用效应》，《当代修辞学》2013年第1期。

⑥ 熊学亮、何玲：《刍议"被"字新用》，《解放军外国语学院学报》2012年第5期。

件的范畴化，而不是词汇压制”①。

冷慧、董广才、董鑫倾向于构式压制，认为“被×”结构压制进入×位置的词，使其具有了及物动词的处置义；同时，新被结构也抑制了进入×位置的词中与构式相冲突的意义，从而使词汇义与构式义趋向一致。② 黄曼、肖洒提出“被×”是基于具体语用环境中构式压制或者词汇压制认知加工的结果，有些“被×”是构式压制而成，有些则可以用词汇压制来解释。③ 其基本工作机制为概念整合，即传统被字句作为输入空间与×事件空间进行整合而形成具有三种构式义的新兴构式（“被谎称或捏造”“被强迫”和“遭受”）。④

池昌海、周晓君虽认为构式说最接近“被×”的内在机制，却指出该观点违背语法规范的事实。⑤ 按照构式的逻辑，受到构式压制的“被×”应具备与传统被字句相同的结构意义和功能。然而，“被×”与被字句大相径庭。×没有因为构式的压制就具有及物性，压制后的句子主语与×之间也不具备被字句的内在语义关系，“被×”并不能像被字句那样可以转化为主动句。因此，构式说不能合理地解释“被×”的衍生机制。

（五）小结

综上所述，仿拟说强调“被×”与传统被字句的相同点和对被字句的继承，但是没有合理的机制解释“被×”与被字句的本质不同（尤其是主语与×的关系）；而偏离说则注重“被×”与传统被字句的不同以及在被字句基础上发展出的新的语义内容与语用功能，却忽略了“被×”与

① 庞加光：《构式压制还是词汇压制——再论“被自杀”》，《解放军外国语学院学报》2018 年第 2 期。

② 冷慧、董广才、董鑫：《“新被结构”的原型语义分析及英文翻译初探》，《外国语文》2011 年第 5 期。

③ 黄曼、肖洒：《认知构式语法视角下汉语流行语“被 AB”的构式压制分析》，《湖南师范大学》（社会科学学报）2013 年第 5 期。

④ 袁红梅、梁婧玉：《“被＋×”构式义的概念整合分》，《外语研究》2016 年第 1 期。

⑤ 池昌海、周晓君：《新“被＋×”结构及其生成机制与修辞意图》，《福建师范大学学报》（哲学社会科学版）2012 年第 4 期。

被字句的内在逻辑联系；构式说内部仍有分歧，词汇压制、构式压制预先设定“被×”构式的存在，而构式新创则未能解释“被×”构式与传统构式的关系。同时，各研究在理论运用上有一定的随意性，还不够科学。[1] 因此，关于“被×”的衍生机制探讨仍有待深入。

四、研究展望

“被×”是伴随着网络而诞生的汉语新表达，其出现具有重要的语言学意义和价值。首先，“被×”是为了表达特殊社会环境下的特殊事件而产生的[2]，因此是分析现实（事件）与语言互动、事件语义与句法接口的重要切入点，但是当前只有施春宏从转喻的角度探讨事件与句法的互动[3]。事实上，该事件结构复杂，其构成要素既包括强势施事，也有弱势受事，同时还有事件陈述者。这一事件中的各要素如何被筛选并表征为语言成分，语言对事件参与者的选择机制是什么等诸多相关研究还有待展开。

其次，“被×”是一个新异的表达，与传统被字句有着明显的句法、语义和语用区别，因此是研究语言突破现有的语法规则实现表意需求的现实材料；但是目前对二者的区别描述居多，解释较少，机制探讨尚有任意性。同时，“被×”与传统被字句又有着内在逻辑联系，因此也是探讨语言系统对句法变化的制约机制的立足点；然而，相关文献仅仅描述了“被×”对“被”的继承，没有从机制上探究现有的语法框架尤其是传统被字句对“被×”的制约。

再次，“被×”是首现于网络的新表达，但是不同于其他网络表达的

① 池昌海、周晓君：《新“被＋×”结构及其生成机制与修辞意图》，《福建师范大学学报》（哲学社会科学版）2012 年第 4 期。

② 刘斐、赵国军：《“被时代”的“被组合”》，《修辞学习》2009 年第 5 期；王开文：《表示反讽的非及物动词被字结构》，《语言教学与研究》2010 年第 2 期；郑庆君：《流行语“被＋××”现象及其语用成因》，《西安外国语大学学报》2013 年第 1 期。

③ 施春宏：《新“被”字式的生成机制、语义理解及语用效应》，《当代修辞学》2013 年第 1 期。

短暂生命力(如“哥抽的不是烟,是寂寞”),“被×”已经渗透汉语的日常表达。为什么“被×”比其他网络新表达能够更容易地进入日常汉语?新的社会事件所促生的新表达进入语言系统的动因是什么?这是研究社会与语言互动的入口。

最后,×的宽松准入条件为探究汉语的本质特点提供了新的视角。现有文献均观察到×位置能够允准不同的词类,但是却未能由此深入探究不同词类“自由进入”的原因。事实上,×位置的自由进入带来了重要的语言学课题,比如按照现代汉语现有的词类划分,传统被字句只允准强及物动词,那么“被×”中×位置的词类多样性表现明显不符合现有的语法规范。即使“被×”是语言的新创,也同样需要在现有的语法框架下进行。既然“被×”为现代汉语的语法系统所容纳,且已进入日常语言,那么是什么原因促使这一结构合法化?是“被”自身发生了变化从而放宽了准入标准,还是×位置的表达除了我们所观察到的词类多样性之外还有其他隐藏的共性?如果“被”发生了转变,这种转变的动因和过程如何?如果是后者,现有的词类划分是否仍不能概括现代汉语的本质?若此假设成立,我们将如何审视当前对汉语的词类划分?如果能开展跨语言的比较,对比其他语言的新创结构,是否能够更宏观地了解现代汉语的特点,从而更深刻地揭示现代汉语的本质?这都为研究现代汉语的词类问题提供了新的角度,也是“被×”未来的研究方向。

教育研究

国际汉语教学微课的互动研究
——基于全球中文教学微课交流展示活动获奖作品的分析

王尧美　梁世娜*

【摘要】 汉语微课作为学生自主学习的重要资源，可应用于汉语教学的各个阶段。有效提高微课的互动性，增强汉语学习者的临场感和体验感势在必行。研究基于互动语言学的相关理论形成分析微课互动性的评价指标，运用该框架对30件优秀微课作品进行观察分析，从教学内容、教师语言和互动形式三个方面考察微课的互动特点和互动模式。微课不仅是学生自主学习资源，也是国际中文教育一线教师的学习研究材料，根据微课的互动特点和互动模式，提出增强微课互动性的建议和策略。

【关键词】 互动研究；微课互动性；互动语言学

引　言

线上汉语教学作为一种语言教学，不仅要传授语言知识，更需要通过师生互动、生生互动进行大量的语言技能训练，通过人与人的互动和意义协商形成有意义的交际。[①] 在传统的线下课堂中，师生互动、生生互动具有即时性和有效性，教师通过提问、反馈等语言行为与学生进行语言互动，通过眼神、手势、表情等非语言行为与学生建立情感互动；同

* 作者简介：王尧美，山东大学国际教育学院教授；梁世娜，山东大学国际教育学院硕士研究生。

① 史金生、王璐菲：《新冠疫情背景下高校留学生线上汉语教学调查研究》，《语言教学与研究》2021年第4期。

时生生互动也是线下汉语课堂中培养学生交际技能的重要一环。随着教学生态环境的变化以及信息和网络技术与教育的深度融合，国际中文教育教学模式迎来了创新和变革。线上汉语教学突破了传统线下汉语教学的局限，知识的传授不仅限于教师单一的语言讲解，而丰富的电子教学资源如汉语慕课、微课也应用于汉语教学过程的各个环节，如课前预习、课中翻转课堂、课后复习等。汉语微课作为一种新兴的教学模式和视频教学资源，不仅以其短小精悍、碎片化、制作精良等优势为学生提供了丰富的自主学习资源，也为线上汉语教学提供了资源保障。作为一种录播视频，微课同时也存在着互动性较弱的问题。

国内有关微课的研究比较有代表性的有以下几个。赵国栋等提出的"微课演化四段论模型"，他认为微课是一种动态、交互的在线课程，具有明确的互动与交流环节，微课是在遵循学习者认知特点和规律的前提下，由若干环节组成的多维度师生互动活动。[①] 关于国际中文教育领域课堂互动研究的聚焦点多是线下传统课堂，不同的学者从多个角度探讨对外汉语课堂中的互动。在对外汉语课堂的互动模式研究方向，孙冬惠、李勉东提出"互动式"教学模式在对外汉语教学中的建构原则，具体包括交际性原则、统一性原则、针对性原则和时效性原则。[②] 王俊卿则对外汉语课堂中师生会话互动进行分析[③]，赵雷提出对外汉语课堂中学习者互动策略的相关观点[④]。总之，关于对外汉语课堂的互动研究成果丰硕，学界从多方面考察对外汉语课堂的互动情况和特点并据此提出提升课堂互动性的教学建议与策略。较之传统线下汉语课堂、线上汉语直播课堂的互动研究，关于对外汉语微课领域的互动研究较少。近年来，对外汉语领域的微课赛事如火如荼地开展，如唐风汉语全

① 赵国栋、冯晨、刘京鲁等：《微课设计技术与案例分析：2015 年全国多媒体课件大赛（微课组）作品综述》，《中国教育信息化》2016 年第 11 期。

② 孙冬惠、李勉东：《对外汉语"互动式"教学模式的建构原则》，《汉语学习》2009 年第 2 期。

③ 王俊卿：《汉语作为第二语言学习者言语交际能力的培养——基于师生课堂互动的会话分析方法》，《云南师范大学学报》（对外汉语教学与研究版）2019 年第 3 期。

④ 赵雷：《线上任务型汉语口语教学中的学习者互动策略》，《国际汉语教学研究》2021 年第 3 期。

国研究生微课大赛，中文联盟主办的全球中文教学微课交流展示活动等，参赛对象有来自国内外的一线汉语教师、志愿者以及高校汉语国际教育专业的研究生等，汉语微课作品经过参赛者的精心设计、专家评审的打磨点评，形成了一批主题多样、高质量的汉语微课资源。这些微课视频在网站上公开展示，不仅可供汉语学习者、一线教师和职前汉语教师等学习交流，也成为对外汉语微课研究的重要材料。如刘弘、施瑜选取"唐风汉语"微课大赛获奖的 73 个语法类微课作品，分别从总体设计、教学环节、教学方式三个方面对上述微课的特点进行考察，发现现有微课基本是单向的"讲授模式"，课堂练习形式单一；相当一部分微课仅仅是简单的模拟课堂教学，没有充分发挥视频、网络等技术优势。[①]

本文以 2021 年全球中文教学微课交流展示活动中的获奖作品为研究材料，结合已有的研究，运用互动理论构建评估微课互动性的分析框架，对优秀的微课参赛作品进行观察分析，并提出增强汉语微课互动性的建议，以期为今后的汉语微课设计及线上汉语教学提供思路。

一、研究设计

（一）研究对象

本文选取 2021 年全球中文教学微课交流展示活动中获奖的 30 件优秀作品作为研究对象。[②] 这些优秀的微课作品不仅由参赛者即全球从事中文教学的教师群体精心设计，在复赛阶段还由来自国内五所高校[③]组成的导师团队指导打磨，最后由国内对外汉语教学领域的专家进

① 刘弘、施瑜：《"唐风汉语"语法类获奖微课设计特点考察》，第十三届中文教学现代化国际研讨会论文，北京，2022 年，第 71 页。

② 2021 年 12 月至 2022 年 3 月，由五洲汉风网络科技（北京）有限公司、北京语言大学出版社举办 2021 年全球中文教学微课交流展示活动，初赛共有 1000 多件作品参选，复赛有 50 件作品入围参与评比。

③ 五所高校分别为北京师范大学、北京语言大学、华东师范大学、山东大学、中国人民大学（按照首字母顺序排列）。

行评审。这些微课作品主题多样,制作精良,质量也达到了较高水平。在30件获奖微课作品中,特等奖占比3%,一等奖占比10%,二等奖占比33%,三等奖占比53%。微课选题涉及汉字、词汇和语法,其中有1件以形声字为教学内容,有1件以辨析“二”和“两”为教学内容,其余28件微课作品均以语法为教学内容。表1所列为以《国际中文教育中文水平等级标准》为参照的微课作品具体信息。

表1　微课作品具体信息

奖项	微课作品主题	语言点	教学对象
特等奖	不管……都	4级	HSK4级成年汉语学习者
一等奖	趋向补语“出来”的引申义	3级	3级HSK考生
	可能补语	3级	3级海外大学生
	“的”字短语	2级	2级海外大学生
二等奖	简单趋向补语	2级	3级HSK考生
	形声字	3级	3级海外大学生
	处所+动词+着(+数量短语)+名词	2级	3级海外青少年
	A是A,就是……	3级	4级海外成人
	情态补语	2级	2级海外大学生
	“有”字句	1级	1级HSK考生
	我早上六点起床	1级	1级海外青少年
	动态助词“过”	2级	2级海外成人
	越来越……	2级	3级HSK考生
	A跟B一样(+Adj.)	2级	3级海外大学生

续表

奖项	微课作品主题	语言点	教学对象
三等奖	“把”字句	3 级	3 级海外成人
	一边……一边……	1 级	3 级海外成人
	动词重叠	2 级	3 级国际学校学生
	只要……就……	2 级	4 级 HSK 考生
	Adj/V＋极了	3 级	3 级海外大学生
	我买了一件毛衣	2 级	2 级海外青少年
	连动句	3 级	3 级 HSK 考生
	老师唱歌唱得很好听	2 级	2 级海外大学生
	结果补语	2 级	3 级海外青少年
	结果补语“完”	2 级	3 级海外成人
	无论……都……	4 级	4 级海外成人
	不仅……而且……	3 级	3 级 HSK 考生
	地点＋V 着＋N	2 级	3 级海外大学生
	桌子上放着许多饮料	2 级	3 级海外青少年
	动词“有”表领有	1 级	1 级海外大学生
	“二”和“两”辨析	1 级	1 级 HSK 考生

(二)研究方法

通过阅读相关文献,结合相关理论构建微课教学互动分析框架,运用观察法对 30 件微课作品进行观察分析,依据分析框架在 Excel 中对微课互动情况进行整理记录。

(三)微课分析框架

研究主要考察微课中的互动模式和互动特点,因此在现有微课、慕课等录播课程互动评价标准下,以互动语言学为理论基础形成符合微课互动特点的评价指标。

互动语言学是基于互动行为的语言研究，兴起于20世纪90年代。方梅等指出互动语言学：一是从语言的各个方面（韵律、形态、句法、词汇、语义、语用）研究语言结构是如何在互动交际中被塑造的，二是考察言谈参与者的交际意图、会话行为是如何通过语言以及非语言的多模态资源（如眼神、手势、身势等）来实现的。因此，基于互动语言学考察微课教学视频互动，应包括互动的语言形式和非语言形式。以教学内容为例，他们还提出对外汉语教学中要遵循"场景化的语法阐释"和"情景化的语法教学"的原则。互动交际发生在具体的情景中，既包括具体话语环境，也包括文化环境。基于此研究框架主要考察微课语言点的互动情景设计、多元文化互动以及服务于互动的课堂活动安排三项评价指标。[①]

微课分析框架见表2所列。

表2 微课分析框架

维度	指标
教学内容	语言情景
	文化情景
	任务活动
教师语言	提问语言
	反馈语
	其他指令语
	韵律手段
	眼神、手势等非言语交际手段
互动形式	师生互动、生生互动等互动形式

① 方梅、李先银、谢心阳：《互动语言学与互动视角的汉语研究》，《语言教学与研究》2018年第3期。

二、研究结果与讨论

(一)教学内容维度

教学维度主要由互动情景、多元文化互动和课堂活动三个指标构成。

1.设置语言情景

教师巧妙利用微课可以按照脚本制作、充分利用各种电子资源的特点,将语言点与真实生活情境建立链接,并通过实景视频、动画视频等多种媒介形式直观呈现。据观察统计,汉语微课中的互动语言情景有以下三个特点。

第一,互动语言情景贯穿于微课的主要教学环节中。微课教学主要有复习、导入、讲解、操练、总结、作业六个环节,教师运用互动情景的具体情况见表3。

表3 教学环节中的互动情景

教学环节	举例
复习环节	谁的帽子、讨论交警的工作
导入环节	图书馆借书、超市购物、讨论 HSK 考试
操练环节	买水果、周末的一天
布置作业环节	模拟服装店老板、买旗袍

在复习环节,教师通过创设情景,引导学习者回顾与新知识紧密相关的旧知识,例如在"'的'字短语"微课中,教师通过一个14秒的实景视频复习语言点"代词+的",该实景视频内容以三位韩国本土汉语学习者在校园图书馆讨论"这是谁的帽子"的互动对话为主,观看微课的学习者可以通过该视频快速复习回顾表示某个东西属于谁的"的"的用

法，同时学习者可以将自身代入真实的生活社交互动中。在导入环节，由于微课不同于传统线下课堂，教师可以通过提问、谈话等形式导入新课，在微课中大部分教师运用情景导入新课，不仅吸引学习者的注意力，还可以在真实互动对话中呈现语言点所在的例句，帮助学生理解“怎么用、在哪儿用”的问题，例如在“只要……就……”微课中，教师创设留学生唱中文歌比赛的情景，并运用动画视频展示留学生丽莎和小宇的讨论，引出三个例句“只要你会说汉语，就能学会唱中文歌”“只要你每天练习半小时，就可以很快学会”“只要用微信扫一扫，就能报名”。在操练环节，教师通过创设系列情景引导学生进行听、说、读、写技能练习，让学习者在情景中进行真实的语言练习和使用，例如“不仅……而且……”微课中，教师运用图片展示“老师周末的一天”对“不仅……而且……”结构进行反复操练，如“不仅去了公园，而且去了超市；不仅香蕉便宜，而且梨也很便宜”。在布置作业环节，教师会创设情景，引导学生在课下继续练习巩固所学的知识，并通过书面作业、口头作业等多种形式进行输出，提高运用汉语的能力，例如在“可能补语”微课中，教师引导学生观看“买旗袍”的实景视频，回答问题。

第二，互动语言情景具有真实性。一方面是互动情景中的人物真实。实景视频中的“演员”有留学生、中国师生以及真实家庭成员、朋友等，动画视频则由留学生配音，这些情景剧的“演员”似乎就是真实陪伴在学习者周围的同学老师，可以有效缓解屏幕后学习者“孤独”的学习状态。另一方面，微课中设计的情景故事多发生于图书馆、校园、家庭、超市等真实的社会场所，这些情景中的互动也具有模拟性，可以帮助学习者做到所学即可用，在线上学习中充分感知目的语社会环境和语言环境。

第三，语法场景具有多样性和典型性。30 件微课中的语法情景涉及《国际中文教育中文水平等级标准》中 1—3 级的多项“话题任务”，高频的话题任务有讨论周末计划、讨论旅游、讨论兴趣爱好、讨论购物等。同时语法场景具有一定的典型性，例如《“把”字句》中的典型语境“布置新房间”，《动词重叠》中的“借东西”场景，《“二”和“两”的辨析》中“买东西”的典型场景。这些场景与学习者的生活相关，符合学习者的认知水平和生活经验，利于学习者掌握。

2.设置文化情景

语言教学离不开文化，通过对微课的观察评估发现，部分教师有意识地在微课设计中融入中国文化和中国国情，满足学习者在学习语言知识的同时了解目的语文化的需求，增强学习者对当代中国的了解以及促进不同文化之间的互动交流。据统计，在 30 件微课作品中，有 15 件微课作品在不同的教学环节中融入了文化和当代中国国情的元素，出现频次由高到低的 3 个主题是中国城市与名胜、春节、中外文化对比。多元文化互动有两种形式：一是以例句和情景中包含中国文化，二是引导学生进行中外文化对比。

表 4 为多元文化互动示例。

表 4　多元文化示例

文化与当代国情	具体内容
中国城市与名胜	(1)不管什么季节，泰山风景都很美 (2)不管什么时候，都可以喝到新鲜的啤酒 (3)不管到哪儿，都可以喝到甜甜的泉水 (4)在山东，不管走到哪儿，人们都很热情
春节	(1)买菜回家做年夜饭 (2)用面粉包饺子 (3)买“福”字贴在门上 (4)出门看表演

续表

文化与当代国情	具体内容
中外文化对比	(1)中国的教室里放着很多单人桌 (2)英国的教室里放着很多长桌子 (3)中国教室墙上挂着一块黑板 (4)英国教室的地上铺着地毯

3.任务活动

由于微课的本质是教师单向输出的一种教学模式，无法与学习者建立即时的互动，也无法接收学习者的实时反馈，一般来说，在微课操练环节，传统课堂中经常使用的任务教学法、交际教学法等无法在微课中使用。但观察研究发现，一些教师开始尝试突破这种局限性，尝试在微课操练环节设计迷宫游戏、你画我猜、两人一组等课堂活动。虽然在微课教学形式中无法确定学习者在观看视频时是否具有线下活动条件，以便完成教师布置的课堂活动，但在这些微课中教师就如何提高学生的参与度做了一些尝试，通过计时器卡秒静默为学习者提供活动时间、由师资团队示范游戏，通过提供二维码上传任务答案等多种形式尽量为学习者提供互动体验感，搭建互动的平台。

通过对视频分析考察发现，在教学内容这一维度，目前的微课作品通过实景视频、动画视频、图片、音频等多媒体手段呈现与语言点、文化与国情紧密结合的互动情景，为不同国家的汉语学习者提供真实可感的语言使用环境和文化环境，在激发学习者学习兴趣的同时，使学习者在语境中加深对语言知识的理解，提高其运用汉语进行交际的能力（见图 1）。

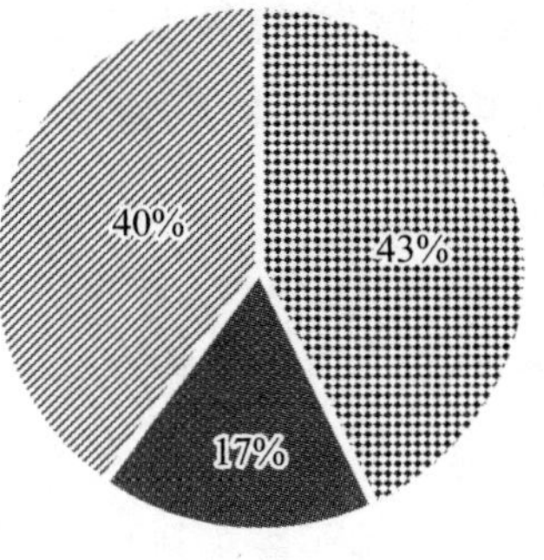

图 1　多媒体资源应用比重

（二）教师语言维度

与传统课堂相比，微课学习者无法与教师进行实时的互动，师生之间的互动主要由教师主导，其中教师语言是师生互动的重要载体。微课中的教师语言可分为语言形式和非语言形式。

1.语言形式

根据观察统计，微课中教师语言的类型可分为提问语言、反馈语和其他指令语。

首先是提问语言，提问式的语言是微课中师生互动的主要载体，教师在讲解语言点时都会通过提问来推进教学过程。根据提问在教学环节中的作用，提问语又可以分为引入性提问和确认性提问。引入性提问在推进教学上有重要作用，在导入环节、讲解环节和操练环节的占比最多。引入性提问主要是由教师就具体教学内容向学生发问，一方面督促学生就问题进行思考，与学生展开互动；另一方面可以通过提问推进教学。由于微课不是实时的，因此在脚本撰写时，教师会根据教学内容设计好每一个问题，每个提问在教学中都承担了一定的任务。例如在“可能补语”微课中：

> 大家看,有学生证我们就进得去图书馆,没有学生证我们就进不去图书馆。如果要实现"进得去、拿得动、来得了、吃得完"这些动作的结果,是需要条件的,没有这些条件我们就"进不去、拿不动、来不了、吃不完"。那"拿得动、来得了、吃得完"的条件又分别是什么呢?你能说说吗?进得去是因为有学生证,拿得动是因为打车,来不了是因为要加班……现在我们看,像"进得去、拿得动、来得了、吃得完"这些"动词+得+结果"……

我们发现"那'拿得动、来得了、吃得完'的条件又分别是什么呢?你能说说吗?"这个问句在教学中发挥了承上启下的作用,教师在情景导入后先以"有学生证进得去图书馆"为例讲解"学生证是进得去图书馆的条件",接着通过提问让学生思考其他两个情景的条件是承接导入的部分,最后教师通过该问题自然过渡到讲解环节。

确认性提问主要出现在操练环节和总结环节。虽然提问得不到学习者的反馈,但在操练环节教师通常在公布答案后会以问句的形式提醒学生关注正确答案,如"你做对了吗/你说对了吗?"大部分教师在总结环节后,会以"你学会了吗?"作为此环节结束的标志,这样的提问没有实际意义,但使得教学环节之间的衔接更加自然流畅,适时的提问可以唤起学生的注意力,也给了学习者内化知识的时间。

其次是反馈语,微课中的教师常使用正向积极的反馈。教师反馈语的使用呈现出不同的特点:部分教师反馈语使用频繁,有提问就有反馈,如"好""很好",在整个微课中反馈的作用不强,更倾向于是教师个人的口头用语,没有层次性;部分教师反馈语类型单一,在整个微课中仅使用一至两种简单的反馈语,如"很好""非常好";部分教师的反馈语具有针对性和指向性,这类型的反馈语往往带有人称代词"你、同学们、大家",如"你的汉语说得很流利""同学们说得真有趣""你说得很对"。恰当使用有针对性和指向性类型丰富的反馈语可以使学习者获得较好的学习体验。

最后是其他指令语，较之前两项教师语言，微课中教师使用其他指令语的频次较少。微课中因缺乏面对面互动的环境，教师在传统线下课堂中常运用指令语让学习者做动作来使用所学语言点，例如在教学“把”字句时，教师常指令学生做一些动作“把钱包给我”。在微课中，教师的其他指令语主要有领读和示意回答两种类型，如“请大家跟我读、一起读”“你可以说、请你说”等。

2.非语言形式

微课中的非语言形式主要有韵律手段和体态语两种类型。

韵律手段层面的互动形式，一是停顿，部分教师在自问自答或以多媒体呈现PPT时会有短暂的停顿给学生预留思考的时间，停顿时长平均为2—3秒，最长不超过5秒。停顿可以帮助学生主动思考所学内容，提高微课学习的参与度。二是语气和语调，教师在提问时除了会使用带有疑问语气词“吗”等，还会通过语调和停顿与学习者进行互动，如“原来没有小草，现在小草……?”(语调上扬)、“有点小、太贵了，这是……?”等。教师通过丰富的提问手段，使得课堂氛围生动活泼，能较好地激发学生的兴趣，吸引学生参与课堂活动。

体态语层面，微课中的多模态手段以表情和手势动作为主。微课中教师通常双手交于腹部，面带微笑，极具亲和力，教姿教态端正，在“好”“很好”等积极反馈时微笑的幅度会随之变大，通过表情给学习者肯定鼓励的积极评价。具有互动意义的手势动作主要有三种：一是手指向PPT，提示学生注意PPT呈现的关键信息；二是在提问环节双手或单手向前平举，示意学生回答；三是在反馈阶段，教师会做出“棒”“鼓掌”等手势动作，给予学生鼓励和肯定。

一些研究认为慕课和微课等录播课程缺乏有效互动，教师很少提问，多以讲授和自问自答为主。但通过微课视频考察发现，微课中的互动形式逐渐丰富，手段更加新颖多样。从互动主体来看，微课中有师生互动、生生互动、师资团队互动和角色互动四种类型。从互动的真实是否真实来看，微课中有真实互动、虚拟互动以及真实与虚拟相结合三种互动类型；此外，互动的媒介形式也不仅限于 PPT。

(三)互动形式

互动形式主要从互动主体、互动手段和互动社区三方面进行考察。

1.互动主体

在师生互动层面，主要依靠教师的提问来实现与学生的互动，主要由三种类型：一是教师一对多进行提问，如"大家还记得他们是谁吗？谁是美笑呢？是这个吗？她穿什么颜色的衣服？"；二是教师一对一提问，如"你知道中国人怎么过春节吗？"；三是教师问特定的学生，如"中村同学，如果咖啡洒在白衬衫上，白衬衫还洗得干净吗？"。

在生生互动层面，微课中较少，仅有 4 件作品在练习环节设计并实现了生生互动。生生互动主要以学生音频完成交际性对话练习的形式实现。对于观看视频的学习者来说，视频中的同学就像是班级里一起学习的同学，有亲切感，有助于在线上学习时体验真实的课堂环境。例如在"'的'字短语"中的"点奶茶"练习。

A(小智)：你要什么？

B(美笑)：我要一杯奶茶。

B(美笑)：你要大杯的还是小杯的？

A(小智)：大杯的。

在师资团队互动层面，教师创新地使用双师制、主讲教师和助教同步授课的模式，教师除了真实的人还有一些虚拟的动画形象。微课的互动性有效提升，同时在教师与教师或助教间的自然对话中学生可以学习目的语。

2.互动手段

根据互动是否具有真实性,将微课互动分为虚拟互动和真实互动。第一,在大部分微课中教师通过自问自答用PPT展示答案,短暂停顿后给予反馈来与学生建立互动,这种互动的过程是虚拟的,无法真正与屏幕前的学习者完成互动交流,但可以为学习者提供适时的反馈,与学习者建立情感交流。第二,部分微课中用提前录制好的留学生音视频、微信聊天录频、弹幕、卡通形象问答等穿插在教师提问后,呈现了一种较为真实的互动交流,增强了学生学习的临场感。在微课中,教师创造性地将弹幕技术和二维码问卷融入教学过程中,例如在《动态助词"过"》练习环节,教师提出问题:"请大家说一说你去过的地方,做过的有意思的事情。"学生的答案以弹幕的形式呈现,这种互动虽是由教师设计的,并不是实时的弹幕互动,但也为学习者展示了"同学"提供的"标准答案",启发学生思考,形成类似真实线下课堂的学习氛围。有的教师在设计微课时,在PPT中展示了答案提交的问卷二维码,学生可以通过扫码上传自己的答案,教师可以进行查阅;但缺点在于教师不能通过问卷对学生的答案进行反馈,课堂上的提问和学生观看时提交问卷形成一种异步互动,但没有真正建立起互动连接。

3.互动社区

由于微课是一个个独立不成系统的视频资源,参赛者的分布广泛,作品仅在网站中公布,主办方并未搭建起类似于慕课的互动评论区,学习者与微课主讲教师是完全失联的。但在本次的获奖微课中,教师们在布置作业环节运用各种教学资源和学习平台搭建起师生双向真实互动的桥梁,有效弥补了微课互动社区缺失的不足。据统计,搭建虚拟互动社区的主要有教师个人邮箱、教师个人微信和Padlet学习社区。以上三种方式都支持教师与学生在网络上进行双向互动,并就微课学习内容进行沟通交流。其中Padlet的评论留言区还形成了本节微课自由、开放的虚拟互动社区，不仅教师与学生可以进行互动，观看视频的学习者和学习者之间也可以实现合作学习探究。

三、提高微课互动性的建议

根据对30件优秀微课作品中的互动模式和特点的分析，我们发现，尽管微课在互动方面存在局限性，但目前的国际中文教师、志愿者以及在读的汉语国际教育专业的学生在微课互动性上做出了突破和创新。微课的应用突破了传统的教学和教研方式，微课资源不仅可用于学生自主学习和翻转课堂，也是汉语国际教育专业学生提高专业素养可参考学习的教学案例。在线汉语教学新常态下，汉语教师应全面提高在线教学能力，提高微课的设计和制作水平，将微课更好地用于汉语教学。基于以上微课互动的观察研究，为增强微课资源的互动性，提升汉语学习者的学习效果，提出以下建议。

第一，从教学内容的设计来看，微课的教学内容要选择重难点、易混淆的语言点，充分发挥微课短小精悍、知识聚焦的优点，使学生在6—10分钟的时间里掌握一个语言点，并能应用到交际中。在微课中充分利用实景视频和动画视频呈现与语言点相链接的典型语境，语境的设置要兼顾典型性和交际性，以便更好地将学习者带入到对话情景中，可以加深学习者对语言知识的理解，也能帮助学习者更好地输出，达到所学即所用的学习效果。在运用此类视频资源时要考虑学习者的认知特点，例如教学对象为低年龄段的学习者时可以插入动画视频，青少年及成年学习者可以选择实景视频。但无论何种形式的视频资源，都应该服务于教学内容，视频的空间场景应该尽可能地展现中国当代社会和国情，以满足学习者对目的语社会文化环境的感知需求；讨论的话题任务也应具有真实性，让学生在学习语言知识的同时产生情感共鸣，例如针对海外青少年学习者可以设置与之相关的“中国青少年的周末”;对于大学生或成年学习者可以探讨更深层次的话题如“求职就业”“婚恋观”等。在设计微课中要注重多元文化的互动,语言与文化不是割裂的,汉语学习者对中国文化和当代国情有较大的兴趣,在讲解语言点的同时融入优秀传统文化和当代中国的相关内容,增强学习的临场感和体验感。

第二,从教师语言来看,微课中教师语言占比最大,教师授课语言要符合“i+1”的原则,并配以字幕帮助学习者理解和输入语言知识。服务于互动的不仅有语言形式,还有非语言形式。为增强微课的互动性,教师在设计脚本时要将各部分的手势动作、眼神表情都尽量兼顾。在提问时可以多使用非语言形式中的韵律手段,如停顿、语调、语气等,给学生营造轻松活泼的学习氛围的同时鼓励学生积极思考。反馈语的使用要恰到好处,正向积极的反馈语应具体真诚,配以适当的手势动作可以较好地与学习者建立情感互动交流的纽带,激发学生的学习热情。

第三,从互动形式上来看,教师在微课中应尽可能地模拟线下课堂氛围,运用技术媒介设计真实的师生互动、生生互动环节。教师可以使用双师制、教师加助教以及教师加学生的模式,在微课中呈现真实的互动,给学生提供真实的交际情境,教师不唱“独角戏”,避免学习者因课程枯燥乏味出现注意力涣散的情况。互动可以通过插入国际学生音频、情景视频、弹幕等形式实现。

第四,搭建双向互动平台。微课是独立的视频,本身不具有互动评论区的虚拟互动社区功能,以往微课的练习和作业无法接收到学习者的反馈。但目前社交媒体和网络技术发达,教师可以通过微信、邮箱、Padlet 学习社区等多种互动平台与学习者实现异步互动,解决学习者在学习中遇到的困惑,接收并反馈练习和作业,与学习者搭建互动交流的桥梁。此外，可借鉴慕课平台建立互动评论区，形成一个有效的虚拟互动社区，更好地就微课内容进行交流分享。

结　语

随着国际中文教育教学环境的改变，汉语微课作为一种微小的数字化电子资源为学习者和国际中文教育工作者提供了便利。但其本身作为一门交际性、工具性的语言课程，互动性的提升至关重要。研究以互动语言学等理论为基础，构建模式微课互动框架，并分析了2021年全球中文教学微课交流展示活动30件优秀获奖作品中的互动模式和特点。研究发现目前微课的互动形式较为丰富，尽管学习者不能即时参与课堂互动，但通过教师的精心设计，学习者仍可以在微课中获得较为真实的互动体验，在情景中学习和使用语言。通过对优秀微课的分析，分别对国际中文教师和微课展示平台两个主体提出相关建议，以期进一步提高微课的互动性，改进微课长期存在的缺乏互动的问题。

新自由主义冲击下加拿大教师教育的挑战与应对

郑　璐*

【摘要】 提升教师教育质量是世界各国促进高质量教育发展的重中之重。20世纪70年代以来，加拿大教师教育领域深受新自由主义理念影响，追逐效率、推行标准化、强化问责制成为加拿大教师教育政策中融入的新自由主义代表性元素。新自由主义理念下加拿大各省教师教育项目形成的专业模式、政治模式、机构模式逐渐整合，日益呈现出创新性、批判性等特点。面对新自由主义对教师教育的冲击，加拿大教师教育项目开始重塑专业本位，参与政策对话，聚焦前沿问题，以此保护其社会批判性，同时充分响应外部需求，维护社会公平。

【关键词】 教师教育；加拿大；新自由主义

引　言

提升教师教育质量是世界各国促进高质量教育发展的重中之重。20世纪70年代以来，加拿大教师教育领域深受新自由主义理念影响，利用市场机制的灵活运营搭建了相对多元的教师供给主体，保障了教师的总体数量与多元结构，也通过增加标准化测试、加大问责力度等带有新自由主义鲜明烙印的方法在一定程度上确保了基础教育领域的教学质量。然而，过度商业化带来的教师教育项目质量下降，过度效率化

* 作者简介：郑璐，北京教育学院教育干部学院副教授。

引发的教师专业化削弱,过度问责制导致的教师主体性缺失等问题却持续弥漫于加拿大教师教育领域。

一、新自由主义压力下的加拿大教育

(一)新自由主义的核心主张

新自由主义之“新”可以追溯至17—18世纪出现于欧洲的一种思想与运动,即自由主义,它在政治上反对封建专制统治,在经济上主张自由竞争,反对国家对经济活动的干预,拥护限制政府权力的议会制度,提倡个人的言论、思想与宗教自由。在19世纪末20世纪初开始发生了变化,一种更加强调社会共同利益,更加强调个人自由与社会利益的统一,更加强调国家的积极干预,更加强调平等、弱者救济与福利的现代自由主义(新型自由主义),取代了古典自由主义,在20世纪的相当长的时期里直接影响了欧美许多国家的社会经济政策。当20世纪70年代现代自由主义的社会经济政策无法解决“经济停滞”这一社会发展基本问题的时候,新自由主义便作为它的反动而出现了。新自由主义在反思现代自由主义的基础上,要求恢复古典自由主义的基本主张,即最大可能地排除国家的管理与干预而将问题交由市场解决,因此,新自由主义实际上是古典自由主义在新的历史条件下的复兴和发展。①

新自由主义认同古典自由主义主张人是自由的和自主的,亦即社会成员具有理性判断的能力,能采取有利于自身的行动。与此同时,新自由主义更为强调自由市场足以产生客观的竞争原则,足以提高效能且保障品质,促使社会成员的自我激励与发展。新自由主义将社会重新定义为一个经济领域,支持财政紧缩、放松管制、自由贸易、私有化及大幅减少政府支出,主张广泛的经济自由化,鼓励制定将私营部门的权

① 高益民:《日本教育改革的新自由主义侧面》,《清华大学教育研究》2002年第6期。

利和能力拓展至公共部门之上的政策。新自由主义者认为,社会应由企业家的"理性选择"(rational choices)支配,最大限度地从人力资本的角度审视个体所做的一切。如果政府不再通过公共资金对机构和私人进行干预,放手让个人自由地追求自己的利益,社会运行即可达到最佳状态。

（二）新自由主义对加拿大教育的冲击

加拿大公共政策格局深受新自由主义影响,试图通过实施自由市场经济体系将新自由主义理念渗透到社会、文化及政治空间。在新自由主义话语中,本属于公共事业的教育,由于欠缺自由市场竞争机制,无法有效发挥效能,因此存在效率低下且质量不高等问题。对此,新自由主义将教育作为一种社会公益重新定义其为"将市场价值扩展和传播到所有机构和社会行动"的手段,引入市场竞争机制,将部分公共服务项目私有化,促进效能提升。

处于新自由主义压力(neoliberal pressures)下的加拿大教育,便将市场的经济逻辑扩展到传统上不受这种市场逻辑支配的领域。[①] 新自由主义不仅导致了制度改革(institutional reform),还催生了随之而来的话语调整(discursive adjustment)。其中,最为明显的莫过于通过标准化生产和标准化评估进行质量控制的语言逐渐在其最初发展的工业领域之外开始规范化,甚或规模化。由此也实现了教育领域的话语调整,使教育从概念上的公共服务转变为竞争性资源,使教育越来越被定义为一个行业,教育机构则被迫越来越像追求利润的公司。

具体而言,新自由主义背景下对加拿大教育的冲击之一是经济指标越来越多地被用作衡量整个职业和该职业个人成员价值的指标。过去,一位教师的专业资本可能是基于不同年级或不同学校的教学经验

① Marom L. and Ruitenberg C. W., "Professionalism Discourses and Neoliberalism in Teacher Education," *Alberta Journal of Educational Research*, Vol. 64, No. 4 (2018), pp.364-377.

的年限和广度。如今，在新自由主义压力下，教师的专业资本与学生在标准化考试中的表现、学校排名、实施“最佳实践”的能力以及通过“卓越”和“创新”奖项获得的认可更紧密地联系在一起。此外，随着“基准”和“绩效指标”的经济话语逐渐渗透到教育领域，教师“专业”的表达形态也发生了变化，人们越来越期望教师能够使用这种经济话语。

近年来，加拿大新自由主义教育改革采取三管齐下的方法来转变公共教育。第一，为营利性教育管理机构提供教育服务诉求；第二，降低教育成本，例如提供在线课程、增加班级规模、关闭学校图书馆、削减特殊教育资源等；第三，强化问责制，制定且实施以教育结果为导向的课程标准和强制性标准化测试。[①]

二、新自由主义冲击下加拿大教师教育的现实挑战

加拿大新自由主义教育改革冲击下的教师教育呈现出注重标准化、突出识字与算术、为预期结果而教学、将创新从企业界转移到教育界、学校基于测试的问责政策五大特征。其中，追逐效率、推行标准化、强化问责制成为加拿大教师教育政策中融入的新自由主义代表性元素。一方面，新自由主义成为推动教师教育市场化的引擎，教师在专业发展过程中经受了程序正义被所谓的结果公平取而代之，也经历着制度合法性与职业认同之间的冲突，这给教师的专业化程度带来前所未有的挑战。另一方面，教师的工作场域遭受着标准化与问责制的重重挤压，导致加拿大中小学教师出现“流失潮”。以阿尔伯塔省的统计数据为例，该省中小学每年教师离职率平均为11%，任职前三年教师离职率平均为20%，与之相比，更令人不安的数据是，任职四年后教师离职

① Ross, E. W. and Gibson, R., "Introduction," in E. W. Ross & R. Gibson eds., *Neoliberalism and Education Reform*, Cresskill, NJ: Hampton Press Inc., 2006, pp.1-14.

率陡然攀升至46%。[1]

(一)追逐效率

由于加拿大教师教育越来越多地受到新自由主义改革的影响,使其愈加受制于市场力量,正变得日益商品化、职业化、功利化。例如,20世纪90年代,曼尼托巴省教师教育改革给教师教育项目注入了"明显的商业感觉",20世纪70年代常见的"辩论与批判性质疑"大大减少。[2]相关研究表明,新自由主义在加拿大的影响导致了政府资金流失,高等教育机构朝向创业型大学(entrepreneurial university)发展。这类大学可能会危机教师教育项目的批判性探究属性以及将未来教师塑造成公共知识分子的能力。[3]教育公共资金的减少与创业预算模式的转变需要教育学院寻求第三方财政支持,这在一定程度上致使教学内容与研究方向由商业利益而非公共利益决定。然而,这是新自由主义期待的梦幻场景——利润、治理和改革的凝聚,将公立学校推向市场化,从而打开新商业机会,取代国家管理,产生新型消费者和从业者。所有这些都显现在对教育技术公司产品推广的文案、活动和人员中,尽管它们针对不同的受众选择表现关于改革的热情还是关于利润的热情。[4]

随着加拿大教师教育项目的泛商业化,效率至上成为教师认证与教师培训的主旋律。通过逐步开发教师教育市场,形成高等教育机构、非营利性组织等多元主体并存,呈现出教师教育培养的多元模式,浓厚的竞争属性也在一定程度上提升了教师准入的效率。"在新自由主义者看来,社会公平只需要保证每个人均有市场的准入权即可。如果他

① Grimmett, P. P., "Neoliberalism as a Prevailing Force on the Conditions of Teacher Education in Canada," *Alberta Journal of Educational Research*, Vol. 64, No. 4 (2018), p. 357.

② Tudiver, N., *Universities for Sale: Resisting Corporate Control over Canadian Higher Education*, Toronto: James Lorimer and Company Ltd., 1999.

③ Falkenberg, T. and Young, J., "Understanding Curriculum: The History of Initial Teacher Education in Manitoba," in T.M. Christou eds., *The Curriculum History of Canadian Teacher Education*, New York and London: Routledge, 2018, pp.145-159.

④ [英]斯蒂芬·鲍尔、埃米利亚诺·格里马尔迪:《新自由主义教育与新自由主义课堂》,金津、刘红霞译,《教育学报》2020年第3期。

们未能取得教育和经济上的成功,那是自己的问题。"[①]然而,如何平衡教师准入的高效与教师离职后的质量却成为新自由主义侵入教师教育项目后无法回避的挑战。例如,安大略省保守党政府倡导一种优先考虑对经济贡献的教师教育模式,造成"公共部门与私营部门之间的界限模糊"[②],实际上间接导致了职后教师专业化不足等问题。

(二)推行标准化

近年来加拿大学校加大标准化考试的比例,推动使用可量化数据对校长和教师进行问责,目的是将更大的权力保留在教育行政部门。亨利·A.吉鲁(Henry A. Giroux)认为,"推动高利害考试并以考试成绩评价教师教学质量的法律的通过已经限制了教师的自主性,并破坏了批判性教学的可能性和学生富有想象力的学习目标。教师不再被要求批判性地思考并在课堂上进行创造性的革新;相反,从最好处说,他们现在被迫简单地实施既定的教学程序和标准化内容,从最坏处说,这遏制了教师的想象力,而使用宝贵的课堂时间教导学生掌握考试技巧"[③]。

与教师教学行为的日益僵化相较,标准化的大行其道在更大范围扼杀了加拿大教师教育中的包容性、多样性与多元文化。作为一个由不同种族、不同文化、不同宗教、不同信仰群体组成的国家,加拿大自1971年实行多元文化政策以来,在教师教育项目中始终强调包容性与多样性。然而,相关研究显示,一些教师职前培养项目未能使教师候选人对自己在课堂上能够成为一名具有包容性的从业者而充满信心。[④]

① [美]威廉·艾尔斯、特雷丝·奎因、戴维·斯托瓦尔:《教育社会公平手册》,张春柏等译,华东师范大学出版社2020年版,第220页。

② Fisher, D., *The Development of Postsecondary Education Systems in Canada: A Comparison Between British Columbia, Ontario, and Quebec*, 1980-2010, Montreal and Kingston: McGill-Queen's Press-MQUP, 2014, p.86.

③ [美]亨利·A.吉鲁:《教育与公共价值的危机:驳斥新自由主义对教师、学生和公立教育的攻击》,吴万伟译,中国人民大学出版社2016年版,第1—2页。

④ Soleas, E. F., "New Teacher Perceptions of Inclusive Practices: An Examination of Contemporary Teacher Education Programs," *Alberta Journal of Educational Research*, Vol. 61, No. 3 (2015), pp.294-313.

特别是受到新自由主义政策的影响，加拿大教师职前培养项目很少涉及多元文化的相关课程，从而使初任教师没有做好与不同学习需求学生在学校共同生活的准备。这也在一定程度上导致加拿大教师队伍中继续存在着多元化和代表性不足等问题。因此，在一个以问责制为框架约束的新自由主义政策条件下，若想实现教师教育中保护多元文化，追求社会正义的目的，必须有意识地抵制这种意识形态体系所编织出的一套规训程序，尤其是将教师教育视为课堂上唯一标准答案的追寻。

（三）强化问责制

加拿大教师教育对问责制的强化是在严格监督和经济驱动构成的"审计文化"(audit culture)下进行的。[①] 新自由主义在宏观政策背景下的主导地位，以及对市场理论的自信信念，催生出一种在教育中易于识别的审计文化。于学生而言，通过标准化测试来衡量其学习成果；于教师而言，通过专业标准来衡量其工作成果。由此可见，标准并不必然是优秀教师的"理想类型"，反之，它们逐渐沦为审计文化的工具，将教师看作生活在一个根据教学过程的机械输入与输出变量负责的精确性世界中，在这个世界中，专业精神将他们构建为政府政策的合规代理人。因此，新自由主义政策为一个旨在围绕经济效率为核心需求的政府实施教师教育以及重塑其职业标准铺平了道路。

安大略省由省教育部、省教师联合会、教师协会、学区教育局、学校校长、社区代表等构成了分层多元的教师问责主体。2010 年，安大略省进一步强化对全省教师的问责制，颁布的《教师绩效评估：技术要求手册》(*Teacher Performance Appraisal: Technical Requirement Manual*)对新教师和有经验教师分别进行全方位系统化评估。其中，明确要求新教师一年内要参加所有与绩效评估有关的会议，且每人必须接受两次绩

① Basu, R., "The Rationalization of Neoliberalism in Ontario's Public Education System, 1995-2000," *Geoforum*, Vol. 35, No. 5 (2004), pp.621-634.

效评估。此外，在评估中获得“有待发展”或“表现欠佳”的新教师需要参加有助于提高绩效的额外评估，并立刻采取有效的步骤和行动改变现状。审计文化下的加拿大教师绩效评估体现出愈加精细化和制度化的特点，正如美国波士顿学院玛丽莲·科克伦-史密斯（Marilyn Cochran-Smith）教授所言，通过社会和意识形态的视角对教师进行审查，确定其所嵌入的更大的社会结构和目的，以及揭示其所依附的文化思想、理想、价值观和信仰。因此，教学和教师教育本质上是不可避免地具有政治性的。①

三、新自由主义理念下加拿大教师教育模式的类型与整合

加拿大在教育上高度分权，每个省和地区都拥有各自强大的教育部门，全面掌控所管辖的学校董事会和教育专业人员。加拿大教师教育由各省和地区负责，所有省和地区的教育部门均要求教师根据省级制定的各类标准接受评估与认证，遵守省级课程标准，使用省级批准的教材。尽管各省和地区的教师教育模式与项目具有多元化、特色化等特点，但总体而言，加拿大教师教育实施职前学习和职后培训两阶段相对独立的培养模式和项目，职前学习阶段包括大学学术性课程和教师教育课程学习、中小学实习两个部分；职后培训阶段包括入职的教师基本技能培训和职后的教师专业发展两个部分。加拿大教师教育的两个主要阶段不仅按照职前和职后的时间顺序划分，而且在培训地点和责任方面也各有区分，大学主要负责职前学习阶段的相关课程学习，中小学主要负责职前学习阶段的教育实习和职后学习阶段的专业成长。

（一）专业模式（professional mode）

加拿大专业模式治理下的教师教育由政府授权专业机构制定行业

① Cochran-Smith, M., “The New Teacher Education: For Better or For Worse?” *Educational Researcher*, Vol. 34, No. 7 (2005), pp.3-17.

准入标准，并“能够最充分地表达专业价值观和传递专业知识”[①]。加拿大安大略省教育学院（Ontario College of Education）和现已解散的不列颠哥伦比亚省教育学院（British Columbia College of Teachers）[②]等作为教师认证资格、培训机构质量认证和教师专业发展的管理机构，从师资遴选、项目管理、课程设置、持续培养、绩效评估等方面均体现出专业主义特征。例如，安大略省教育学院针对未来教育工作者开设高质量的学术、职业和技术课程，提供基于实际应用的指导和支持。专业治理模式下教师教育的核心是将教学视为一种技能实践，将教师视为有技能、有爱心的专业人士。

（二）政治模式（political mode）

加拿大政治模式治理下的教师教育通过各省和地区选举产生教育委员会代表，确保经济、社会、国家的发展。政治模式下的教师被视为国家代理人，应代表国家权威，维护国家希望灌输的价值观。教师工作的形象是国家的仆人，作为国家的代理人，教师由政府支付薪酬，以实现政府的教育决策。同时，该模式要求各省和地区教育部门提供足够的教师来理解、执行政府主导的教育改革。尽管政治模式可能“严重过滤甚或完全屏蔽专业人员的专业知识，而且常常会破坏教师行业内的合作关系，将精力集中在游说政府，而不是参与行业内部的专业讨论”[③]。但政治模式在加拿大魁北克省和阿尔伯塔省仍占主导地位。魁北克省教育部门的相关委员会负责对教师教育项目进行认证，制定各类项目的准则与标准，确保教师培训与全省的学校改革步调一致。同样，教师教育在阿尔伯塔省也受到严格的监管和控制。例如，阿尔伯塔

① Gideonese, H. D., “The Governance of Teacher Education and Systematic Reform,” *Educational Policy*, Vol. 7, No. 4 (1993), pp.395-426.

② 2011年，自1988年成立以来一直被视为加拿大职业自律先驱的不列颠哥伦比亚省教师学院解体，其监管权移交给不列颠哥伦比亚省政府的教师管理处。

③ Gideonese, H. D., “The Governance of Teacher Education and Systematic Reform,” *Educational Policy*, Vol. 7, No. 4 (1993), pp.395-426.

省教师毕业后只能获得临时教师证书，只有在完成两年的全职教学且证明具备了相应的知识与技能，才能获得正式的教师证书。

（三）机构模式（institutional mode）

加拿大机构模式治理下的教师教育是指由实施教师教育项目的机构进行治理，旨在提升教师的学术水平，倡导围绕教学的理论基础展开批判性探究。机构模式下的教师教育项目通常设置在高水平大学之中，重在提升教师作为公共知识分子的学术形象，强调批判性知识生产是这一职业的核心特征。此类项目主要由三部分内容组成，其一是专业知识及相关知识的理论脉络，其二是基于实践改进的系统性专业探究，其三是贯穿学习始终的批判性思维。曼尼托巴省教师教育主要采用机构模式，曼尼托巴大学教育学院负责推动该省教师教育项目，由于省级认证要求教师候选人必须持有曼尼托巴大学教育学学士学位，因此，曼尼托巴大学教育学院在一定程度上享有教师教育的诸多权利，例如，负责开发教师职前教育的目标、内容和方法，制订行业准入机制与规定等，学院甚或有权在没有政府或专业认可的情况下对教师教育项目的运行做出重大调整。[①]

（四）新自由主义理念下教师教育模式的整合

近年来，新自由主义理念下加拿大教师教育项目的模式逐渐整合，日益呈现出创新性、批判性等特点。例如，尽管安大略省教育学院为安大略省教师教育提供了专业治理模式，但安大略省也是加拿大唯一拥有高等教育质量保证委员会的省份，即安大略省高等教育质量委员会（Higher Education Quality Council of Ontario）。该委员会是政府的独立机构，主要负责评估和提高高等教育机构的入学率、质量和问责制，并对全省教师教育项目进行审查，为基于证据的研究项目提供经费保

① Rigas, B. & Kuchapski, R., "Educating Preservice Teachers in a Neoliberal Era: Specialized Technicians or Public Intellectuals?" *Alberta Journal of Educational Research*, Vol. 64, No. 4 (2018), pp.393-410.

障。根据《安大略省教育法》,省教育部长可以制定相关政策和指导方针,规定教师专业活动日的主题和标准。目前,安大略省中小学教师在专业模式、政治模式,甚或些许机构模式的影响与规训下,较为积极地参加持续专业发展活动。2020 年统计数据显示,安大略省中小学 67%的第一年新入职教师和 73%的工作第二年教师参加了教师培训课程,49%的第一年新入职教师和 44%的工作第二年教师参与了学校自评项目。此外,加拿大教师教育项目的场域不断拓展,将教师的知识与技能培训延伸到课堂与学校之外,希望为未来教师提供对学校教育的更全面理解。例如,面对城市多元化带来的社会公平正义等问题的挑战,以及教育实习的空间局限性等固有弊端,加拿大教师职前培养正经历由教育实习到社区实践的变革,社区实践以其特有的优势为职前教师提供了在非传统教育场域学习探索的机会。[①]

四、新自由主义冲击下加拿大教师教育的应对之策

教师教育是一个能够被环境界定的系统。环境会随政治趋势、教师教育质量的假设、文化和技术背景及经济状况发生改变。正是在对这些因素进行的持续不断探索中,教师教育才可能更有效地对后代的教育产生更大的影响。[②] 从新自由主义意识形态对加拿大教师教育项目的实际影响与潜在风险可以看出,当加拿大教师教育本身变得财政依赖、市场敏感,且受制于标准化评估与审查之困时,教师教育项目必须尽可能免受外部压力的影响,以保护其社会批判性,同时充分响应外部需求,维护社会公平。

① 郑璐:《加拿大教师职前培养的新趋势——从教育实习到社区实践》,《高教探索》2020 年第 8 期。

② [美]玛丽莲·科克伦-史密斯、沙伦·费曼-尼姆塞尔、D.约翰·麦金太尔:《教师教育研究手册:变革世界中的永恒问题》,范国睿等译,华东师范大学出版社 2017 年版,第 400 页。

(一)重塑专业本位

新自由主义背景下加拿大教师教育项目更容易成为各省大学的聚宝盆,这可能会阻碍教师专业内部的批判性以及情境化专业概念的发展。当中小学教育、高等教育、教师教育项目全面受到新自由主义的侵蚀,教师的自主权被无限挤压,教学不得不遵循固定程序和指导方针,还要面对标准化考试带来的审查与问责,这在削弱教师作为公共知识分子属性的同时,很容易使其沦为技术人员。在这种情况下,使用专业性的话语来恢复专业自主权,并坚持教师作为专业人员自我治理的能力,而不是作为技术工人或流动劳动力进行管理,也许是教师教育缓解新自由主义压力的一种方法。

教师教育工作者需要质疑现存的教师教育项目在多大程度上应强调规训,在多大程度上应牺牲批判性探究。当规训占据主导地位时,新教师可能会毫不犹豫地接受新自由主义意识形态。这直接导致新自由主义意识形态下的教师教育在很大程度上忽视了教师的智慧、经验与判断力。因此,教师教育项目有义务培养教师候选人对教育实践进行系统性与批判性探究的能力。正如吉鲁所言,“促成一种开放性的、敏锐的、具有批判探索精神而不仅仅是灌输性教学法的核心在于这样一种假设,即教师不仅是批判性知识分子,而且能够在某种程度上控制其教学实践的条件”[①]。当教师被归类为知识分子时,首先这为将教师工作视为一种智力劳动提供了理论基础,而不至于使其沦陷为新自由主义浪潮下的工具与技术术语;其次明晰了教师作为知识分子发挥作用所必备的现实条件和政策诉求;最后阐明教师在学校应具备的教学自主权。

致力于重塑加拿大教师教育的专业本位,曼尼托巴大学教育学院

① [美]亨利・A.吉鲁:《教育与公共价值的危机:驳斥新自由主义对教师、学生和公立教育的攻击》,吴万伟译,中国人民大学出版社 2016 年版,第 6 页。

教授托马斯·法尔肯伯格(Thomas Falkenberg)提出有效教师专业发展的七大原则。第一,教师专业发展应该以学生的成长为导向,具体而言,首先明晰学生实际学习能力与期望学习能力之间的差距,然后再通过改进教学实践来缩小这些差距。第二,教师培训者与教师应该共同构建学习内容,共同商讨学习方式。第三,教师专业发展应以学校为基础。第四,教师专业发展应在与同伴的互动中围绕社区的真实问题进行组织。第五,教师专业发展应以批判性探究为导向。第六,教师专业发展应是持续的,并能够得到行政部门、社区、学校等多元主体的支持。第七,教师专业发展应是学校全面改革的一部分。[①]

(二)参与政策对话

随着新自由主义政策在教师教育领域的盛行,加拿大各省和地区教师工会和教师对这种以市场驱动为核心,旨在破坏公共教育的政策予以回应。很多地区的教师工会与教师教育联合会纷纷倡议,教师教育工作者应更积极地参与相关政策审议,特别是参与有关影响教师教育未来走向的政策对话。

在萨斯喀彻温省,教师通过积极倡导公平且高质量的公共教育来抵抗新自由主义政策。2011 年,萨斯喀彻温省教师针对政府教育经费削减展开了首次以全省规模的集体罢工。2014 年,面对政府单方面增加教师工作时间的命令,教师群体连续两次拒绝签署劳动合同。2020 年,教师们以投票支持实施制裁的方式回应政府拒绝在集体谈判中解决班级规模等问题。此外,萨斯喀彻温省教师利用网络社交平台,共同倡导科学教育决策,反对政府权力的滥用与教育问责的加剧。

(三)聚焦前沿问题

加拿大教师教育正在寻求通过加大教师教育改革力度的方式摆脱

① Falkenberg, T., "Framing an Integrative Approach to the Education and Development of Teachers in Canada," *McGill Journal of Education*, Vol. 45, No. 3 (2010), p.567.

追逐效率、推行标准化、强化问责制等新自由主义核心特征。其中,聚焦前沿问题成为各省和地区教师教育项目改革的共识。

世界气象组织(World Meteorological Organization)发布的《2023年全球气候状况》报告指出,温室气体水平、地表温度、海洋热量和酸化、海平面上升、南极海洋冰盖和冰川退缩等方面的纪录再次被打破,有些甚至是大幅度刷新。2024年,为了应对全球气候持续变暖的现实挑战,加拿大教师教育联合会(Canadian Association for Teacher Education)在教师教育领域发起《加强气候变化教育项目》,倡导各级教育工作者能够引领民众完成可持续的生活方式所需的转变。在加拿大环境与气候变化部的支持下,这个为期两年的教师培训项目将为加拿大职前教师和在职教师提供网络课程,并定期围绕气候变化教育举办研讨会。

清华大学全球胜任力人才培养实践研究
——基于扎根理论的分析

房　雯　石智丹*

【摘要】 新时期，我国急需大批高层次国际化人才参与全球治理。近年来，我国高校纷纷开展国际化人才培养实践探索。全球胜任力是高层次国际化人才培养的新理念。本文以清华大学开展全球胜任力培养的真实案例为切入点，运用扎根理论探究清华大学将全球胜任力理念融入学校教育体系的过程，提炼出一个包含三个阶段和六个关键步骤的过程模型。该模型解释了国际化人才培养理念融入高校现行教育体系的路径，识别出融入过程中存在的问题和障碍，丰富了我国高校国际化人才培养实践经验。

【关键词】 全球胜任力；国际化人才培养；扎根理论；案例研究

引　言

新时期，我国积极倡导国际关系民主化，促进形成多边化的新格局。高层次国际化人才是我国参与全球事务的基础。过去20年，我国陆续出台一系列政策文件，将培养“具有全球视野、通晓世界知识、掌握国际交往规则、胜任全球化挑战、妥善处理国际事务的高素质国际化人

* 作者简介：房雯，北京信息科技大学信息网络中心中级工程师；石智丹，清华大学学生全球胜任力发展指导中心副主任，讲师。

才”作为我国教育改革发展的重要目标。然而，调查显示，我国在全球性国际组织和跨国机构中“缺位”现象仍然普遍。教育观念陈旧、对国际形势的认识不够充分，学生普遍缺乏全球意识和国际交往能力等问题导致我国在国际舞台上“无人可用”。随着国际形势的发展和变化，培养大批具有全球视野的高层次专业人才以更好地连接中国与世界，处理国际事务，制定国际规则，参与全球治理。为此，培养适应国家战略发展需求的高层次国际化人才是我国教育领域，特别是高等教育领域亟待解决的问题。

20 世纪以来，“全球化”逐渐成为教育思想中新的关键词。世界各国的学者和研究机构对处于全球化时代个体应具备的能力和素质开展了丰富的研究。“全球胜任力”这一概念应运而生。[①] 全球胜任力是指理解全球问题并针对性地采取行动的能力和倾向，由审视本地、全球和跨文化问题的能力，理解和欣赏他人的观点和世界观，与来自不同文化的人开放、适当和有效的互动，并为集体福祉和可持续发展采取行动四个维度构成。随着全球化趋势加深，世界各国纷纷将“全球胜任力”作为人才培养目标和教育理念，对人才培养体系实施改革。美国联邦教育系统将“全球胜任力”正式纳入《州立共同标准》，从基础教育阶段开始培养学生的全球意识；欧洲理事会(European Council)倡议构建全球教育框架；澳大利亚、加拿大、瑞典、芬兰和挪威等教育发达国家对课程结构进行改革。在亚洲国家中，日本早在 20 世纪 80 年代就提出“培养世界通用的日本人”。新加坡教育部将“21 世纪素养”作为人才培养目标。韩国成立 21 世纪委员会，明确提出：“努力提高对各国社会、文化知识的理解，增强学生世界公民意识。”2018 年，64 个国家和地区参加 PISA 开展的全球胜任力测评。从国际比较的角度来说，“全球胜任力”

① R., Hayden, “A Beginning: Building Global Competence,” *State Education Leader*, Vol. 4, No. 2 (1983), pp.1-3.

已经成为世界各国人才培养的新理念和教育体系改革的新方向。

我国教育国际化起步较晚，不论是理论探索还是培养实践都处于探索阶段。腾珺、张婷婷、胡佳怡，以及徐辉、陈琴指出，全球胜任力体现的价值观以及关键能力要素对我国国际化人才培养具有重要的启示意义和借鉴价值。[①] 徐星、张民选等学者对 PISA 国际评估项目进行了系统介绍。多位学者对欧美全球胜任力的教学策略和课程结构改革进行了较为深入的研究。[②] 多位学者将全球胜任力概念和指标体系进行了本土化，并在部分高校实施了测评。[③] 但是现有研究成果难以直接指导我国本土高校开展国际化人才培养实践。上述研究大多来源于欧美国家的理论体系和实践经验，由于国情不同、教育体制差异等限制条件，故而在我国本土语境下的解释力有限。在研究方法上侧重于理论和经验介绍，缺乏深入细致的实证研究。在研究对象上缺乏针对性，教育界和学术界一直强调高校对于人才培养具有重要作用，但以高校为研究对象的成果还很少见。因此，以本土高校人才培养真实案例为研究对象，开展深入细致的实证研究不失为一个突破口。本文以清华大学全球胜任力培养真实案例为切入点，使用扎根理论为研究方法，探究清华大学开展全球胜任力培养的过程。一方面，深化我国学术界和教育界对于全球胜任力理论体系和培养路径的理解；另一方面，丰富我国高校国际化人才培养的实践经验。

① 滕珺、张婷婷、胡佳怡：《培养学生的“全球胜任力”——美国国际教育的政策变迁与理念转化》，《教育研究》2018 年第 1 期；徐辉、陈琴：《人类命运共同体视域下全球胜任力教育的价值取向与实践路径》，《比较教育研究》2020 年第 7 期。

② 刘晓光、曹敏妍：《全球胜任力视角下中外合作办学项目评价——基于 189 个项目培养方案的内容分析》，《江苏高教》2020 年第 4 期；李杨、曾小平：《PISA2018 全球胜任力评测》，《外国中小学教育》2018 年第 5 期；李景萱、陈赛男：《“全球胜任力”培养模式研究——以“大学英语演讲”课程为例》，《现代交际》2020 年第 12 期。

③ 计莹斐：《美国基础教育全球胜任力培养研究》，华东师范大学硕士学位论文，2019 年；刘扬、孔繁盛：《大学生全球素养：结构、影响因素及评价》，《现代教育管理》2018 年第 1 期；郝瑛：《大学生全球胜任力的调查研究》，首都经济贸易大学硕士学位论文，2019 年。

一、理论基础

20 世纪 60—70 年代,本尼斯借鉴生物学视角提出组织发展理论:组织的生存和发展完全依赖于内适应和外适应,在内外部环境之间建立新的联系。组织理论与系统科学逐渐融合,研究者运用科学的方法和系统的观点分析组织问题,强调组织的开放性,重视组织与外部环境的互动。如普菲佛和萨兰基克则从组织效能角度讨论组织发展与外部环境的依赖关系,提出资源依赖理论,解释了组织为了适应环境变化而采取行动的策略。阿吉里斯将个体行动研究的视角和方法论应用于组织研究,提出了组织学习理论:认为组织的发展与个体的发展具有一致的轨迹。20 世纪末,组织理论进入文化管理时期,更加强调环境对组织的影响,彼得·圣吉发展了组织学习理论,提出学习型组织理论,强调组织发展涉及个体和组织心智模式的转变,以动态复杂性的系统思考代替机械的和静止的思考实现组织进步。[①]"组织创新"与"组织变革"内涵过程基本相似,核心目标在于组织在与环境互动中得以持续发展。组织变革的过程是对组织中的要素进行调整、改进和革新的过程[②],指组织根据外部环境的改变或者组织自身成长的需要采取一种新的构想或者行为对组织结构进行整体设计和调整[③],将"新"要素经过一系列的步骤渗透到原有组织中。根据组织目标和外部条件变化完善组织功能、优化组织内部结构和关系,或是更新组织成员的观念、行为以及成员间责权利的重新配置。

① [美]彼得·圣吉等:《第五项修炼:实践篇(下)——创建学习型组织的战略和方法》,张成林译,中信出版社 2011 年版,第 103—135 页。

② Burgelman, "A Process Model of Internal Corporate Venturing," *Administrative Science Quarterly*, Vol. 28, No.21(1983), pp.223-244.

③ [美]理查德·L.达夫特:《组织理论与设计(第 10 版)》,王凤彬、张秀萍、刘松博等译,清华大学出版社 2011 年版,第 136—153 页。

二、研究设计

本研究选取质性研究中的扎根理论(grounded theory)对清华大学开展全球胜任力理念融入学校教育体系的过程进行探究。第一,质性研究以对现象的建构和理解作为其认识论基础[①],注重从微观视角了解事件发展的动态过程,适合于在自然情境下对复杂个案的"过程"和"机制"问题进行深入探析,这与本文的研究路径非常契合。第二,扎根理论是由美国学者格拉斯和施特劳斯提出的质性研究方法中的实证研究方法。扎根理论基于现象和所获取的研究资料进行深入解读与剖析,通过对研究对象细致洞察以发现和探寻难以从所处情景中分离出来的现象背后所蕴藏的一般规律,对于阐释过程和机制问题具有强大的解释力。通过对复杂现象的理论化分析和解释,在不做任何理论预设前提下,自上而下地归纳构建实质理论。[②] 扎根理论以科学的操作规程为保障,强调分析步骤的科学性[③],弱化了研究者在建构现象的意义时可能的主观色彩,研究结果更具可信性,因而被广泛应用于人文社会科学研究中。[④]

(一)资料收集策略

对现实案例的分析和建构是质性研究的起点和基础。[⑤] 本文通过关键案例(critical case)投集资料。案例研究,特别是单案例研究方法是从纵向角度深入探析演变过程的理想方法。研究者在不脱离真实世

① [美]诺曼·K.邓金:《解释互动论》,周勇译,重庆大学出版社 2009 年版,第 77—129 页。

② [美]韦恩·C.布斯、格雷戈里·G.卡洛姆、约瑟夫·M.威廉姆斯:《研究是一门艺术》,陈美霞、徐毕卿、许甘霖译,新华出版社 2009 年版,第 131—156 页。

③ Glaser, Strauss, *The Discovery of Grounded Theory: Strategies for Qualitative Research*, New York: Aldine, 1967, pp.1-2.

④ [美]罗伯特·C.波格丹、萨莉·诺普·比克伦:《教育研究方法》,钟周、李越、越琳译,中国人民大学出版社 2008 年版,第 176—191 页。

⑤ [德]伍多·库卡茨:《质性文本分析:方法、实践与软件使用指南》,朱志勇、范晓慧译,重庆大学出版社 2017 年版,第 62—81 页。

界环境的情况下关注某一研究现象或现象的发展过程，深入了解研究问题的多重细节。[①] 将清华大学作为关键案例基于如下考虑。首先，清华大学在其110年发展历程当中具有良好的国际化办学传统。2016年，清华大学发布《全球战略》，明确指出将“全球胜任力”融入学校教育体系，是我国最早明确将“全球胜任力”作为人才培养核心目标的高校。2018年，清华大学成立了我国首个专门机构培养学生的全球胜任力，该机构能够为本研究提供全面、丰富的“鲜活”经验。不论是从历史传承性还是研究结果的可预期性而言，清华大学都是我国“全球胜任力”研究领域中不可或缺的关键个案，具有较强的学术研究价值。其次，清华大学是我国顶尖学府，对其开展研究能够形成引领和示范效应，具有良好的公共性。最后，将清华大学作为单一案例开展研究便利性强，节省研究者进入多个田野(field)所需的时间成本。选取理论抽样作为资料收集策略，通过多种渠道收集不同类型的资料，尽可能丰富而全面地收集案例中的可获得资料，力图全面均衡地复原整个事件原貌，更好地理解研究问题，对真实世界给予更透彻的分析和解释。多重资料来源能够相互验证，有助于支撑分析结果的可信性和可靠性。本研究资料收集时间为2020年9月至2021年5月，历时9个月。主要资料汇总见表1。

表1 研究资料汇总

资料类型	资料内容	资料编码
观察笔记	2020年9—12月，国际合作交流处国际化能力提升计划研讨会4次 2021年3月，学生全球胜任力发展指导中心例会 2021年5月，外事管理与国际化能力提升研修计划培训	C01—C06

① [美]罗伯特·K.殷：《案例研究：设计与方法(原书第5版)》，周海涛、夏欢欢译，重庆大学出版社2017年版，第6—21页。

续表

资料类型	资料内容	资料编码
访谈整理稿	清华大学×院党委副书记 清华大学全胜中心主任 清华大学国际教育办公室主任助理 清华大学全胜中心教师 清华大学×院外事秘书 清华大学×系国际项目主管	F01—F06
政策文本	清华大学《章程》《全球战略》《"双一流"大学建设周期总结报告》	Z01—Z04
历史档案	2021年,清华大学国际化能力提升计划教学单位总结报告	A01—A44
	2021年,清华大学国际化能力提升计划部处单位总结报告	B01—B22
新闻报道	2018—2021年,清华大学国际合作与交流处自采编报道及校外媒体报道	N01—N12

本研究对研究伦理的考量包括三个方面。(1)研究者在研究过程中保持价值中立。(2)保护研究对象隐私。访谈前以知情同意书的形式,事先知会访谈对象研究目的,以自愿参与为原则,同意后再行访谈。对于机构或者组织的观察先征得机构负责人的同意再进入现场。表1所示的资料文本、档案、访谈等涉及隐私的资料,遵从保密原则,均经由研究对象确认后再行使用。同时,在研究文本中以数字和符号形成字符串代替被访者的真实姓名。(3)秉承遵循理性互惠原则。研究者进入现场或与个人建立融洽的关系,避免干预研究对象的正常生活和工作。为研究对象提供帮助,一同探索解决研究对象在工作中存在的问题。研究结束后与研究对象分享研究成果。

(二)资料分析策略

本研究使用扎根理论作为文本分析策略。资料收集过程与资料分析同步展开。在手工编码的同时借助 NVivo12 质性分析软件实现扎根理论研究方法严格按照程序和步骤依次进行开放编码、主轴编码(关联)和核心编码(选择性编码)。[①] 在诠释资料时运用情境分析与类属分析两种策略相结合,对清华大学将全球胜任力理念融入学校教育体系的过程进行了结构化和概念化。以理论抽样为原则,对资料进行打散、重组和浓缩。[②] 具体操作步骤如下。(1)打散原始资料,运用"空白大脑"理解文本的原始含义,以开放性为原则,密集登录初始编码(coding)。本研究中的初始编码以意义命名策略为主,同时也结合了见实命名和学术命名两种命名方式。见实命名是指使用原始文本中的"词汇"命名,也称为"鲜活"编码。运用学术命名能够较好的与学术话语体系形成关照。本研究中使用学术命名的概念有:培养模式、培养体系、专业能力、核心价值观、教育领域专有学术概念和术语。(2)在概念生成阶段,将档案、访谈、观察等文本性资料中初始编码进行归纳、适度抽象并形成新概念。类别由称为"属性"的子类别组成。(3)轴向编码的编码过程,在该过程中,反复比对资料,或收集新资料,为"碎片化"的概念建立多重联系,重新组合形成逻辑链,深入了解与核心现象相关或解释核心现象的特定编码类别,影响核心现象的因果条件、解决现象的策略、形成策略的背景和干预条件以及实施策略的后果。(4)进一步抽象整合,提炼一个或几个核心概念,同时对资料不断进行深挖,完善概念类属(category)的属性(property)、维度和变化形式,尽管开放编码时总有新的初始编码浮现,但对概念系统几乎没有贡献时,即认为本研究中所涉及的主要概念以及概念的属性和维度均已得到充分发展,达到理论饱和(saturation)。(5)研究者不断重复上述步骤,检查概念系统的内部一致性,填充逻辑空白,呈现细节丰富,逻辑清晰的分析结果;编码被

① 吴毅、吴刚、马颂歌:《扎根理论的起源、流派与应用方法述评——基于工作场所学习的案例分析》,《远程教育杂志》2016 年第 3 期。

② 陈向明:《质的研究方法与社会科学研究》,教育科学出版社 2000 年版,第 201—216 页。

组织成一个概念系统，呈现了正在研究的过程的理论模型，即建立或生成了一个理论。(6)检验可靠性(reliability)两名研究者“背对背”分别对资料进行编码，编码结束后，两位研究者讨论编码结果，趋向一致时为止。①

三、实证结果及讨论

清华大学将“全球胜任力”理念融入学校教育体系的过程涉及多个主体的共同行动。大学的教学和行政事务主要集中在以院系为代表的教学单位，是大学开展人才培养的直接载体。各院系承担着教学、科研、培养和管理等多重职能，处于我国大学人才培养体系的核心。作为大学以学科专业为基本依据建立的基层组织结构，院系是在学校政策指导下开展全球胜任力培养的责任主体。虽然学校设立学生全球胜任力发展指导中心培养学生的全球胜任力，但通过对新部门核心成员的访谈发现：由于中心成立时间较短，尚不具备独立面向全校开展人才培养的条件和实力。目前，新机构负责传播全球胜任力理念，为学校各部门和教学单位提供咨询服务和资源支持。因此，本文以院系视角探究全球胜任力理念融入学校教育体系的过程。经过对研究文本的交叉比对和分析，最终确认了 21 个概念类属和 7 个主题(概念系统编码示例见附录)。在此基础上提炼出院系作为行动主体将全球胜任力理念融入现行人才培养体系的 3 个重要阶段和 6 个清晰可识别的关键步骤。各个步骤之间彼此联结和互动的结果共同构成了全球胜任力理念融入现行学校教育体系的过程，如图 1 所示。

① 一般认为，两位研究者编码最小重合度为 75%，则该研究信度较好。

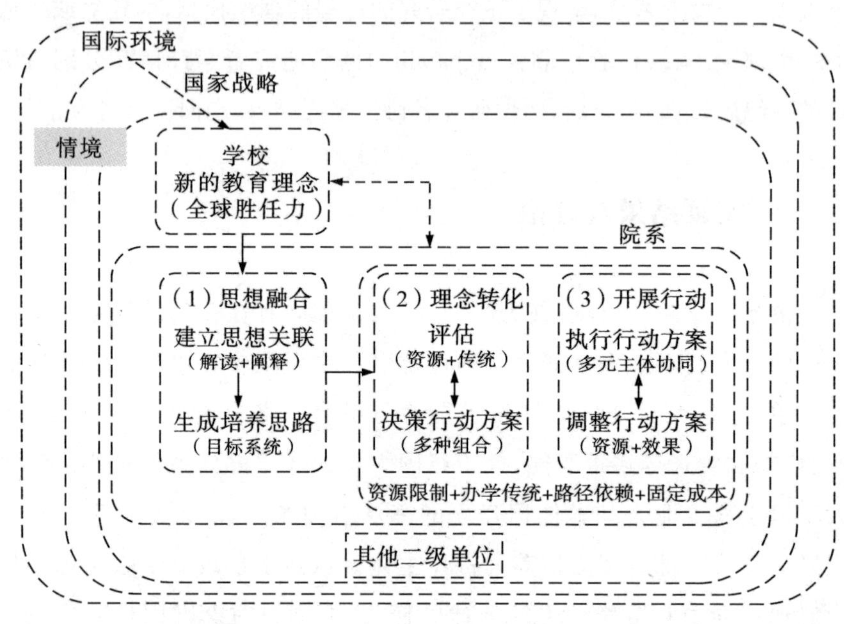

图 1　院系视角下全球胜任力融入人才培养体系的过程

（一）环境：国际环境、国家政策与大学发展的交集

考察事件不能仅仅局限于中心现象，同时也必须关注现象产生的条件。清华大学确立“全球胜任力”作为人才培养核心目标的情境处于由国际环境与国家战略共同构成的外部环境之中。国际格局变化引发国家战略调整，因而国家对人才产生了新要求。大学的首要职能即为国家培养人才。因此，在国际环境和国家战略共同作用和影响下，清华大学为了适应国际环境、国家战略变化，调整教育理念和人才培养目标，提出“全球胜任力”理念，并以此开展人才培养体系改革。此举是对国家“世界一流大学建设”战略和对于“高层次国际化人才”的需求的回应，也是在复杂的外部环境中寻求大学的持续发展策略。清华大学通过颁布官方文件促使新的教育理念“合法化”，为系统开展全球胜任力

培养活动提供政策支持和制度依据:2016年,清华大学发布正式的政策文本《全球战略》明确提出将“全球胜任力作为人才培养的核心目标”(Z02)。

(二)构想:新的人才培养目标

思想融合阶段包含两个关键步骤。第一个步骤是建立思想联结,院系就国际形势、国家战略,将现行的人才培养目标与“全球胜任力”进行联结。以《清华大学章程》(Z01)以及《清华大学全球战略》(Z02)《清华大学一流大学建设方案》(Z03)等政策文本为依据,从教学、科研和管理等多个方面对“全球胜任力”作为人才培养的核心目标进行演绎。通过多次召开“党政联席会”“全院教师会”(A33)对“全球胜任力”培养目标从三个方面进行解读和阐释:一是对“全球胜任力”培养的意义和价值进行解读和阐释,包括促进学科发展(A07),学科和院系国际化的重要内容和衡量指标(A01),并服务于学校实施全球战略政策和国家战略(A35)。二是明确“全球胜任力”这一人才培养目标在现行的人才培养体系中的核心位置,指出“培养学生全球胜任力和国际视野是学院全球发展战略和人才培养的重要目标之一”(A04)。三是适度演绎学校政策文件中关于“全球胜任力”的内涵在总体特征、专业能力、通用能力、专门职业胜任能力和核心价值观五个维度上描述对于全球胜任力的整体认识。总的来说,院系对“全球胜任力”培养目标的内涵阐释远比学校政策文本更为丰富和立体。

第二个步骤是生成培养路径。院系依据“全球战略”文本“立足本土,面向全球”(Z02)作为指导思想,结合学校综合改革方案(Z03)解读学校人才培养理念和政策导向,在“全球胜任力”人才培养目标的共识建立在深度解读和充分理解的基础之上,结合院系人才培养传统形成培养学生“全球胜任力”的思路。一般来说,院系“秉承国际教育传统”(A01),“与全球战略方向和目标保持一致”(A14)生成对“全球胜任力”

的认识，现行人才培养思路和培养模式进行了主动创新。首先，突出人才培养环节的国际化，强调学术活动国际化和学科国际化作为“全球胜任力”人才培养主要途径；其次，在“三位一体”培养理念（Z01）的基础上，强调“国际合作”（A33）、“创新融合”（A37）、“中西融会贯通，互学互进”（A41）的国际化人才培养理念；最后，融合国际化教学理念与模式（A34），形成多元化国际发展战略，建设“全球胜任力”人才培养体系和培养平台：“走出去”是以“跨境流动”为主要特征的学习、研究、交流，同时兼顾“引进来”国际前沿的课程体系（A35、A20），促进“融合发展”（A15）。

（三）采纳：评估与决策培养方案

转化阶段是全球胜任力理念融入现行人才培养体系过程中最为重要的阶段。“转化”指院系将隐性的、抽象的、不可观测的教育理念映射到现实之中，将看不见的理念转化为看得见的行动。归纳来讲，院系通过评估，筛选和权衡，决策培养模式、选取培养策略，制定行动方案等多个环节的联动将“全球胜任力”教育理念转化为实际行动。院系首先对各种可能的培养举措和行动方案进行综合评估。根据自身定位和学科特点，结合历史传统与培养优势，对开展人才培养的初始资源情况进行评估。一般包括学科建设情况、人才培养状况、教师队伍水平及行政管理能力等人才培养要素，可以用于开展“全球胜任力”培养活动的初始资源情况，如“院系学科优势”（A02）和以往“国际化培养经验”（A37）。与上一阶段中“全球胜任力”的认识和培养思路进行对比，初始资源与培养思路两个部分的交集即为可以实践操作的一系列备选行动方案。最终实施决策行动的主体是“党政联席会”，斟酌选取其中有效性较强的措施作为可供实施的行动方案。院系形成决策方式表现为“反复探讨论证，一致决定”（A23）。院系决策时往往选取充分“发掘自身潜力”（A35）、“开发教育资源”（A42）策略，设置任务、制定可衡量的操作性目标以及细致的行动方案。通过增加“资源”，实现方案中既定的行动方案。充分利用国际学术资源、国际学术活动、国际暑校、国际竞赛、海外实践对现行教育体系中的“国际学程”进行丰富和补充。其中，专项资金，教学资源和管理体系三方面问题较为突出。第一，“专项资金”投入(A20)。以课程建设和国际交流为代表的“国际学程”需要专项资助才能开展，否则难以启动。第二，“缺乏国际化教学资源”(A38)。尤其是“全球胜任力”教育教学资源有待发展。海外师资数量不足，本土教师群体语言能力薄弱、缺乏国际交流经验，教师不具备兼顾不同国家和地区的国际教育内容的能力，课程和课程体系的国际化程度不足，质量不高(A35)。第三，目前绝大多数院系的管理体系国际化程度差，外事管理工作质量不高(A22)。

以“涉外”为主要内容的管理体系为国际事务提供支持，保障国际事务正常运行，一般包含日常事务处理和涉外突发事件应急处置两个层面。从内容上可以分为制度建设、人员能力建设和工作平台建设三个方面。表现为本土职工国际化能力弱，缺乏沟通和交流的平台和机制，涉外管理体系和各项涉外制度受到国家政策和学校制度约束，难以处理复杂的现实问题(A33)。人才培养体系中管理体系不同部门之间关系复杂，相互牵扯，信息和资源未能优化配置。二级单位之间沟通和交流机制，合作方式和策略有待探索。在“转化”阶段，由于不同院系占有的教育资源各不相同，培养对象特点也不同，院系受到内部资源以及外部条件等诸多条件(context)影响和制约，国际化人才培养初始程度和预期目标亦不相同。因此，院系之间“全球胜任力”培养行动方案呈现出较大差异。

(四)实施：执行与反思，调整行动策略

开展行动阶段是可以被明确观测的中心现象，包含行动和调整行动策略两个关键步骤。院系依照第二阶段确定的行动方案调动资源，开展“全球胜任力”培养实践，将行动方案和构想转化为能够被直接观测的显性结果。“全球胜任力”行动方案和培养举措非常丰富，以增加教育体系各个维度上的国际化培养水平为主要策略。如依托国际课程和海外实践培养本科生的“全球胜任力”或通过扩大国际学生规模和联合培养等途径发展研究生的“全球胜任力”等多种组合形式。总体来看，院系格外强调国际化培养环节的“增量”，在对 44 个教学单位年度总结的开放编码时形成了 341 个参考点，各种类型的培养途径和手段高达百条。院系往往在经费允许的条件下提供更为丰富的“国际学程”，但却甚少提及对培养效果的测度和评估。以“学术性”作为依据，可以分为学位项目和非学位项目两种类型。学位项目包含本土和海外的国际课程、中外联合培养国际项目、双学位项目等；非学位项目包含本土和海外的文化交流，海外实践、国际培训、国际会议、论坛和讲座和学术研讨等；同时，上述内容也可以分为课程和活动两种类型。其中，课程包含本土国际课程（A38、F01）、联合培养项目（A03、A08）、全球胜任力专门课程（A35）、暑期学校（A31、A18）等；活动包含中国传统节日庆祝活动的跨文化交流活动（A13）、国际交流工作坊（A34）、国际竞赛（A35）、海外实践（A21）、讲座和国际会议以及国际合作研究等学术活动（A33）。除此以外的其他策略还包括成立专门国际交流组织（A42）、英语培训（A22）、经济资助（A42、A08）、扩大国际学生招生规模、海外引智和提升本土教职员工的国际化素质等（C02）。在“空间”维度上，体现出“课内”到“课外”、“校内”到“校外”、“教学”与“实践”、“本土”与“海外”，以及“线上”与“线下”相结合的立体多维模式。如在第一课堂中引入国际资源，开设本土国际课程；在课外，开展国际交流活动，工作坊、竞赛等；在培养过程中鼓励海外实践、国际暑校等学术和非学术的国际交流活动。利用互联网和在线技术，引入更多国际资源，建设全球资源库。从“资源”视角进行分析，“全球胜任力”人才培养策略主要是基于在现行的教育体系中融入“国际资源”，丰富“国际学程”的主要策略分为两个维度：“请进来”海外师资、国际课程、国内国外学术资源相结合的联合培养，以及为学生提供世界领先的培养计划以及学科前沿知识；“走出去”进行海外交流、海外实习、国际培训，海外研修、暑期学校、短期访问等各类海外项目。增加“资金”支持，主要用于海外引智，加大留学、访学和各类国际交流活动的支持力度。在“组织”视角下突出表现为平台建设和全面保障体系。成立专门的国际交流组织、中外学生学者交流平台，以及国际合作和研究平台。对“国际化”人才培养全面支持和保障表现为以建立完善的国际学生在校支持系统为代表，全面提升以“全球胜任力”为核心的学校教育系统的整体国际化能力。

调整行动策略是基于限制条件而产生应对行动。院系依据前一阶段设置可观测的操作性目标对行动方案达成情况进行评估，院系“加强组织领导”(A22)检查各项举措完成度，对实现培养目标的全过程进行主动全程管控和监测，以判断行动结果是否满足既定目标。评估环节一方面能够沉淀和积累实践经验，发现全球胜任力培养的内在规律，识别限制条件，反思培养过程存在的“问题和障碍”。从限制“转化”的条件来看，影响行动实现的挑战可以概括来源为学校内部和外部两个向度。院系面临的内部问题是以“全球胜任力”为核心目标的培养体系在各个维度上有待融入和强化更多的“国际化”内容。例如，国际化意识不强(A43)、教师国际化能力不足(A29)、原有培养模式不再适合当前情况(A18、A31)、缺乏平台(A41)等单个维度上“短板”叠加，综合表现为人才培养体系整体“国际化”程度不足。“涉外”管理体系无法容纳“全球胜任力”人才培养体系中的“国际师生”主体，也无法有效处理相应的“国际化事务”。同时，学校内部信息和资源未能充分共享和合理配置。学校内部二级单位间职能相互制约，尚未形成良性的合作机制，一定程度上制约着院系“全球胜任力”人才培养体系的建设和发展。从外部环境约束条件来看,传统的国际交往模式受到很大冲击,影响了国与国之间的交往策略,同时加剧了国际政治格局变革。对"人员跨境流动"为主要特征的"全球胜任力"培养举措造成了巨大的影响。国际流动受阻使多个院系"海外实践""国际课程""学术活动""联合培养项目"被迫取消(A02、A33)。后来,院系对灵活调整国际合作培养策略,开展国际交流必须依靠新的合作方式形成了强烈的共识,纷纷将"走出去"为特征的传统国际化培养模式切换为"本土国际化"。在此背景下,院系主要通过内部资源配置优化和外部资源引入两条途径弥补因疫情造成的国际教育资源缺乏问题。一方面挖掘和优化内部资源,包括促进课程、技术和教育空间的深度融合,另一方面积极探索网络课程,建立健全信息网络系统,加强国内外高校优质教育教学资源的共享,以期达到国际化的培养目标。特别是利用互联网技术将国际课程和跨国交流等活动转为"互联网"模式,促进传统教育形态发展,为持续引入全球优质教育资源(A02)催生对于新型教育形态的探索,开辟新的教育途径。教育系统改革层面,多个因素复合相互作用和影响"全球胜任力"培养举措的实现程度。建立二级单位之间沟通和交流机制,使信息和资源得到优化配置(A35),形成合力。面向本土教职员工开展外语和跨文化交流能力培训(A21),保证"全球胜任力"人才培养体系和国际事务管理体系每个环节的顺利实施(A01)。同时,以操作层面为出发点,规范内部管理,健全涉外规章制度体系,为人才培养行动提供政策支持。

(五)妥协:资源限制下的人才培养体系转型

本研究运用扎根理论作为研究方法,探究清华大学以院系为主的教学单位将全球胜任力理念融入学校教育体系的过程。研究发现,这一过程的本质是清华大学以全球胜任力理念为驱动,自上而下实施人才培养体系国际化改革的行动。从实证结果来看,全球胜任力理念的推行切实完善了清华大学人才培养体系，尤其是极大地提升了教学体系的国际化程度。但是由于初始资源、培养传统和路径依赖等限制，院系培养全球胜任力能力结构上存在“失衡”。院系开展国际化培养大多依托于学科和专业背景下的教学资源。受到院系培养传统和固定成本等条件影响，院系开展全球胜任力培养的常见做法是在原有的国际化培养环节上做“加法”。[①] 过度依赖固有的国际化培养模式在一定程度上造成了院系全球胜任力培养结果与既定目标存在偏差。“全球胜任力”是包含态度和价值观、学科知识、语言能力、跨文化交往技巧等多个维度的有机整体。作为一种高阶复合能力[②]，需要通过若干环节或者活动形成共同作用，高度依赖于课程建设、国际交流经历、跨文化交往技巧、世界地理历史知识等国际教育资源。虽然院系开展了大量国际化培养活动，但往往局限在特定的领域中开展专业教育，侧重于培养学生在专业上的国际竞争力。过度专业化的培养往往使学生缺乏应对外部环境变化的适应性，这与“全球胜任力”理念内涵相悖。

本研究的另一个重要发现是人才培养体系中各主体、子系统的国际化进程发展速率呈现出显著差异，即“差速发展”导致教学体系与管理体系形成了一股相互牵扯的张力。绝大多数院系报告提到由于学校行政管理体系“国际性”欠缺，规章制度和政策法规无法容纳“国际事务”，不能妥善处理“全球胜任力”培养过程中出现的复杂“涉外”问题，导致全球胜任力培养面临诸多障碍。国际化人才培养有赖于体系各个维度“国际化”程度综合提升，而非教学层面简单增加国际化环节。这也验证了此前学者提出的我国高校没有形成深层次的国际化氛围，因而国际化人才培养质量不高的论断。[③] 另外，由于各种问题导致此前

① 施建军、王丽娟、韩淑伟：《实施“本土国际化”战略 培养具有国际竞争力的复合型精英人才》，《中国大学教学》2011 年第 5 期。

② 宋岩、李敏辉：《学术型研究生全球胜任力的培养模式：以清华-伯克利深圳学院为例》，《清华大学教育研究》2020 年第 6 期。

③ 洪大用：《在“双一流”建设中大力加强本科人才培养》，《中国大学教学》2016 年第 4 期。

“走出去”的国际化培养形式难以实现，“本土国际化”即实现对学校内部国际化教育资源的优化利用，是当前情势下国际化人才培养的突破口。但长久以来，院系之间呈现出典型的自治结构，院系之间、学科之间大多“泾渭分明”，教学系统与人才培养体系其他组成部分的互动也比较少。学校人才培养体系中多元主体合作方式与协调机制有待探索。因此，一方面在院系之间开展跨学科跨专业合作；另一方面建立教学系统、外事系统、学生系统间的良性互动机制。积极倡导人才培养体系多元主体共同参与，由单一培养主体向多元主体转变，将全球胜任力理念融合渗透在人才培养体系各个面向，激发学校教育体系中各部分的发展潜能，从局部的、渐进式改进和升级入手，整体提升大学国际化水平是未来的发展方向。

四、研究展望

本研究深化了我国学术界和教育界对“全球胜任力”理论体系和培养路径的理解，丰富了我国高校国际化人才培养实践经验。可以说，清华大学在国际化人才培养方面开展了有益的探索，但仍然面临着深层次的挑战。人才培养目标和人才培养体系改革能否达到理想的目标，不仅取决于先进的教育理念和基层的执行能力，还取决于学校人才培养体系对改革的适应程度以及改革行动的可操作性。本研究的局限之处在于研究视角相对狭窄，以院系作为行动主体的建构方式忽略了学校人才培养体系中其他主体的作用。虽然院系是“全球胜任力”培养过程中最重要的行动主体，但学校的管理者、教师、学生均是教育体系的参与者，在人才培养体系中具有不可替代的功能和作用，三者既相互融通又相互制约。因而不能单纯强调培养过程中单一的行动主体，而应强调多元主体的共同建构。此外，在资料分析阶段以教学单位的工作总结和新闻稿为主，研究资料同质性较强，缺乏生动的细节。未来，一方面可以在研究中纳入更多访谈与观察得来的第一手资料，另一方面可以尝试将人才培养体系中多元主体和碎片化的因素进行全面考察，持续探索国际化人才培养和人才培养体系改革实现路径。

传播研究

虚拟语言景观的符号学构成
——以“京东”电商平台为例

余　跃　卢德平*

【摘要】 电商平台作为虚拟语言景观，呈现出大量使用图像，强调视觉符号的多模态表达趋势，有着高度动态化、符号生产过程外显的特征。视觉设计的“语言”挪用了原属于图像与语言符号的表征资源，二者在结构平面与功能平面上均紧密结合，形成了视觉符号。符号生产者运用视觉设计，通过视觉符号实现了迁移自自然语言的三大元功能——概念功能、人际功能、语篇功能，构建起电商符号系统；符号接收者则在针对符号的阅读过程中开展二次符号生产，生成了动态化文本与元语言系统，以此为中介完成了交流。

【关键词】 虚拟语言景观；电商平台；三大元功能；元语言；符号生产

引言：动态化的系统

本文针对电商平台的符号学构成进行描写、分析，并展开讨论，是为了探索如下问题：电商平台中，符号生产者构建起了怎样的虚拟语言景观？利用表征资源实现了什么功能？同时，从符号接收者的角度看，这种虚拟语言景观又有着什么样的符号学构成？更具体地说，其符号

* 作者简介：余跃，北京语言大学语言学系本科生；卢德平，北京语言大学语言学系教授，博士生导师。

组成有哪些特点？彼此之间呈现出何种关系？在符号接收过程中又体现出什么特质？

虚拟语言景观是指，在作为公共空间延伸的网络空间中，有着信息功能与象征功能①，反映出社会现实的符号与符号使用现象②。电商平台从出现、发展、推广，以至今日的普遍化、常态化，深深嵌入社会之中，所经历的过程并不漫长，但其用户与商家、平台作为特定群体，在一次次社会实践之中，已然构建起了区别于他物，反映着特定社会现实的"语言"——作为电商平台这一虚拟语言景观表达"规范"而存在的电商符号系统。如此构建起来的电商符号系统，有着两大特征：一是高度动态化，且符号生产过程外显；二是大量运用图像的表征资源，强调视觉符号。

第一大特征体现在这一特定群体进行社会实践时与符号的关系之中，指向一个问题：电商符号系统中，人们在进行社会实践之时，与符号有着怎样的关系？即在符号生产者生产并使用符号的过程中，以及符号接收者对符号进行解读，并以此为基础进行二次符号生产的过程中，二者分别与符号处于怎样的关系之中？

从符号生产者的角度看，若是依照巴黎学派以"sémiologie"之名提出的结构主义符号观，则电商系统中的符号依凭意指，有着事先③对应好的能指与所指两面，是已然存在的符号。作为符号生产者的平台与商家不论是言说、书写，还是进行图像加工，都只是从对他们来说可用的符号组库（semiotic repertoire）中辨认、挑选出所需的符号，并加以使

① Landry, R. and Bourhis, R. Y., "Linguistic Landscape and Ethnolinguistic Vitality: An Empirical Study," *Journal of Language and Social Psychology*, Vol. 16, No. 1 (1997), pp.23-49.

② 尚国文、周先武：《非典型语言景观的类型、特征及研究视角》，《语言战略研究》2020 年第 4 期。

③ 虽然 Barthes 在 Éléments de sémiologie 中指出，是意指，作为一个行为，将能指与所指连结起来，生产出了符号，但这一过程发生在"言语"之前——也即文中的"事先"："……我们也可以看到，能指与所指的结合并没有穷尽这一语义行为，符号也从环境中派生出价值……"在他的论述中，符号与语言（langue）类似，在用于实践之前就作为一种抽象潜能存在，能指与所指已然结合，并以这样一种形态进入具体语境之中，用于实践。Barthes, R., *Elements of Semiology*, trans. by Annette Lavers and Colin Smith, New York: Hill and Wang, 1968, p.48.

用。而另有学者揭示了发生在符号系统"前"的符号生产过程，以另一个视角重新阐释了人类在进行社会实践时与符号的关系。[①] 若是依照这一理论，则平台与商家在构建电商符号系统时，面对着可能的各类语境，经过"修辞"，选出其要表达的意义，随即通过"设计"[②]，利用可用的资源与合适的方式以进行表达，依据某种联系，将能指与所指结合为新的符号，即符号作为意义表达的中介，只在由个人意趣所引导的社会实践中被生产出来。这一卷入符号生产者主体性的符号生产过程则隐没于电商符号系统之下，相当一部分在特定语境下诞生的符号作为约定俗成进入了符号系统，得以留存，参与并经受着社会、文化[③]构建，在发展过程中经历了不同程度的自然化，最终对于特定群体成了"自然"——为平台与商家所熟知，能够利用，并因此在电商符号系统构建过程中而受到限制与约束的"语言"。

从符号接收者的角度来看，这一特征体现在对于所接收符号进行解读过程中，而发生的第二次符号生产之中。有的学者将读者卷入了意义的构建并赋予其主导地位[④]，有的学者则在此基础上提出了一种新的交流模型，强调交流过程中基于所接收信息——符号生产者发出的符号——进行的第二次符号生产[⑤]。消费者在进行消费活动时，面对电商符号系统，接收了其中的部分符号，便以此为基础进行解读，将所接收的符号作为能指外壳，开展二次符号生产，从二次符号生产后产生的"内在"符号中获悉意义——由符号接收者"编织"的视觉符号文本与在其解读过程中生产的元语言系统便体现了二次符号生产的过程。电商

① Kress, G. and van Leeuwen, T., *Reading Images: The Grammar of Visual Design*, New York and London: Routledge, 2006.

② Kress, G., *Multimodality: A Social Semiotic Approach to Contemporary Communication*, New York and London: Routledge, 2010.

③ "文化"一词在此处指"the set of norms, practices and values that characterize minority and majority groups"。

④ Barthes, R., "Death of the Author," in Stephen Heath trans., *Image Music Text*, London: Fontana Press, 1977, pp.142-148.

⑤ Kress, G., *Multimodality: A Social Semiotic Approach to Contemporary Communication*, New York and London: Routledge, 2010.

符号系统之中，二次符号生产的独特性在于符号的生产者有意为接收者预留了对所接受符号在物质层面上进行选择与“修改”的机会与便利，而接收者在接收过程中对于解读所依凭的基础进行选择与“修改”这一在交流中本不可见的心理过程也因此部分投射到了物质层面上，并显现出来。由此，符号生产者和接收者之间以符号为中介，不断进行着文本“在场”而主体“不在场”的互动和对话，在这一交流过程中，符号生产作为动态性基础，多视角、多次地发生，过程向外显现，使得电商符号系统成为了“肉眼可见”的高度动态化系统。

第二大特征则落实在从交流过程中“析出”符号系统本体上，指向这一问题：在这样的符号系统中，人们如何传达意义，并以之为中介来实践交流？即在电商符号系统中，自然语言的三大元功能得到了怎样的迁移实现？以此为轴线，我们在下文中将同时从符号生产者与接收者这两个角度出发，依次在视觉符号的构成、符号与语境间的构成关系，以及符号间构成关系三个方面，结合所收集的资料，针对电商符号系统进行描写分析，试着重构符号的生产过程，由此来回答这一问题。

本文的资料收集分别在 2023 年 11 月 1 日至 11 月 30 日与 2024 年 7 月 16 至 7 月 31 日进行。我们以商品信息为核心、以消费为导向，在“京东”平台的移动端 App 及相关网页收集了用户在电商平台内浏览与进行消费活动时可能会重点关注与接受到的符号。按照符号的生产者分类，电商平台中的符号共有三个来源：平台自身、商家、用户。其中用户所生产符号的性质与特征都极不稳定，我们在本文中只重点考察由平台自身与商家生产的符号，不对用户所生产符号的本体进行相关研究，但在部分组合关系上仍会作一定的说明。但这三类符号在实际分布中并不总是界限分明，常常混杂在一起，因此，我们将采取另一种以页面结构为标准的分类方式来呈现电商符号系统，将重点关注的部分分为 5 个页面，即首页、搜索页、商品主页、评价、详情页；又针对每个页面划分了模块，区分出首页—顶部、首页—商品推荐、搜索页—筛选器、搜索页—商品陈列、商品主页—商品信息、商品主页—选购信息、商品主页—评价、评价—买家评价、评价—达人评、评价—问大家、详情页—商品介绍、详情页—规格参数、详情页—服务共13个模块，以供指称。

一、视觉符号的构成

用类型学的方法看，电商符号系统中的符号可以简单归为两类[①]，即图像符号与语言符号，其中语言符号总是以文字的形式存在。但出于意义表达的需要，符号生产者挪用了原属于这些模态的表征资源，并使其进入组合关系之中，生产出视觉符号（见图1）。因而，图像符号与语言符号同时也作为视觉符号的组成部分存在，共享着这一身份。

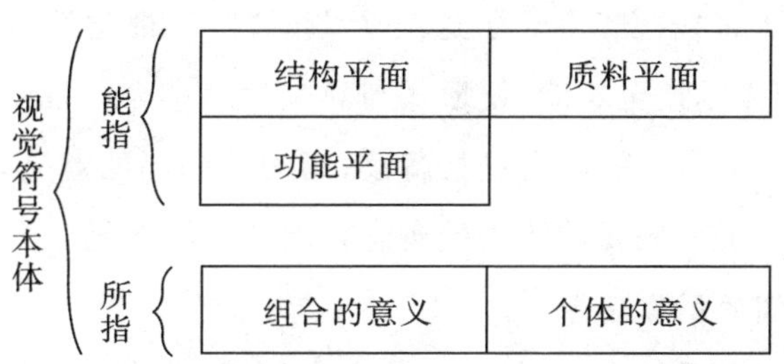

图1　视觉符号的构成

视觉符号是形式与意义的结合，也即能指与所指的结合，为了分析，我们从符号生产过程入手，将其本体的能指构成分为三层，即结构平面、功能平面、质料平面。结构平面是指，在视觉设计中，同质或异质的符号间，建立在外延结构上的组合关系所发生的平面。功能平面是指，同质或异质的符号间，建立在功能上的组合关系所发生的平面。质

① 电商平台中确实存在其余类型的表征资源，如声音、影像等，但这些模态的应用总是不典型，因而在本文中我们选择忽略它们。

料平面是指，图像符号或语言符号内部发生变异，以适应意义表达需求的平面。借用亚里士多德的术语，在质料平面中，图像符号与语言符号作为“形式”存在，用以生产这些符号的表征资源是“质料”，而结构平面与功能平面中，图像符号与语言符号则作为“质料”存在，视觉符号成了“形式”。结构平面与质料平面共同构成了视觉符号的全部外延特征，均与其所指有着对应关系——质料平面中发生的变异，同样也对应着符号个体意义的变异；功能平面则在这两个平面的限制之下实现着符号生产者意图通过符号在结构平面的组合关系所传达的意义。在电商符号系统中，视觉符号本体的能指构成在三个平面上都具有相应的特征：在结构平面上，强调图像符号，通常以之为主体；在功能平面上，注重语言符号与图像符号间的组合关系；在质料平面上，通过语言符号在模态取向上的变异适应了意义表达的需要。

视觉设计的“语言”贯穿了这三个平面，作为视觉符号的生产限制与依据，将结构链接至功能，使形式与意义得以结合。视觉符号的外延特征引导并辅助符号接收者进行解读，指向其内涵的意义，符号生产者借此迁移实现了三大元功能中的概念功能和人际功能。

(一)强调的图像符号

在电商符号系统中，图像符号被大量使用，较之语言符号得到了强调。图像符号得到强调的主要原因有二。一是电商符号系统作为通过屏幕呈现的虚拟语言景观，在技术上与图像有着适配性。二是电商平台作为以交易洽谈为目的的网络空间，有着展示商品、进行个性化宣传、开展商业活动的需求，而用户又因网络空间的虚拟性而无法接触实物，对商品缺乏具象与全面的感知。若是使用语言符号对商品进行“谈论”，便“难以摆脱话语所造成的之于对象内在性质的偏差”[①]，而图像符

① 卢德平：《〈逻辑哲学论〉的符号学向度》，《科学技术哲学研究》2022年第1期。

号作为典型的“图像”[1]，则有着直接“呈现”其对象内在属性的能力，通过强调图像符号，可以对此实现有效的代偿，缓和这对矛盾。且图像符号相对于语言符号在外延层面上有着更为丰富独特、逃离了言语共同体规范性限制[2]的表征资源，亦更贴合这一商业活动的需求。

图像符号得到强调，也是作为视觉符号的组成部分得到强调。大多数情况下，图像符号是视觉符号的主体，在视觉符号的生产过程之中，原属于这一模态的表征资源被视觉设计挪用，确立了视觉符号的结构平面，并构成了视觉符号的主要外延特征，语言符号则在此基础之上被引入其中，遵循着先前的“设计”，与图像符号进行组合，以实现概念功能与人际功能。

概念功能是指，符号能反映其对象以及对象之间的关系，表征着人类所经验的世界，且这一世界独立于其表征系统。电商符号系统中，视觉符号在结构平面上存在可供选择、能够被辨识的“结构”，而符号生产者对于所用结构的选择映射着其对于意义的选择，当其倾向于采用相对于交流目的来说恰当的结构时，旨在实现概念功能。电商符号系统中的视觉符号对于其生产者来说，总是存在编码，因而能区分出一个个具体的部分，也即“参项”，结构便落实在以参项类型与参项间关系为基础的表征手段上。首页—商品推荐、搜索页—商品陈列[3]，以及商品主页—商品信息模块中，均存在明显的“分析性结构”，由两类参项——作为“载体”的图像符号，以及由前者承载起，作为“所具属性”的语言符号——构成。[4] 而电商符号系统中的这类结构总是与特定交流目的适配，即展示商品及其属性：图像“呈现”着商品，又因其“载体”的身份，处

① Wittgenstein, L., *Tractatus Logico-Philosophicus*: *Centenary Edition*, London and New York: Anthem Press, 2021, pp.75-87.

② 卢德平:《〈逻辑哲学论〉的符号学向度》,《科学技术哲学研究》2022 年第 1 期。

③ 我们将首页—商品推荐中归属于一个商品的部分称为一个“商品单元”，同理，将搜索页—商品陈列中这样的部分称为“商品条目”。

④ Kress, G. and van Leeuwen, T., *Reading Images*: *The Grammar of Visual Design*, London and New York: Routledge, 2006, pp.87-104.

于视觉符号结构的[①]中心，以供消费者审察，商品作为整体，由此得到了凸显；而图像所“呈现”的商品的属性，经语言符号标明，成为“所具属性”，得到了选择性地凸显，反映出符号生产者进行了对于意义的选择。

人际功能是指，符号既投影着生产者与符号间的关系，也投影着符号与接收者间的关系，即符号表征了生产者、接收者、表征对象间的特定社会关系。视觉符号在诸如视角、距离以及情态选择等多重维度上为生产者提供了用于实现人际功能的操作选择：“视角”与“距离”分别观照着权力关系和心理距离；“情态”选择则是对于真值的指示，通过对视觉符号性质在不同侧面上的设计标记出各式特定的“现实”(reality)，对应着多种群体认同。[②] “视角”与“距离”意味着场景，是属于图像[③]的表征资源，其在视觉设计方面的应用依赖于图像。从“视角”出发考察，电商符号系统中，图像的表征对象在范畴上十分单一，总是指向商品，而商家与潜在消费者经由商品构成的权利关系较为稳定，因此图像中的视角通常无需体现出差异性，又受制于展示商品的需要，因而几乎处于“沉默”之中。从“距离”出发考察，电商平台中各个页面的功能对于用户来说存在差异，其在浏览不同页面时，与商品的心理距离也随之发生着变化，因而，作为符号接收者，其对于这一特质的表征存在期待，符号生产者则通过视觉设计迎合这种期待，在每一个页面中分别实现人际功能。从首页—商品推荐到详情页，符号接收者所期待的心理距离不断缩减，而其所接收到的符号顺应其期待，发生“距离”的变化。面对首页—商品推荐模块时，符号接收者关注着商品，但没有明确的消费意图，与其保持着适中的心理距离，期待通过相关符号获得有关商品整体

① 并不等同于“几何的”。

② Kress, G. and van Leeuwen, T., *Reading Images: The Grammar of Visual Design*, London and New York: Routledge, 2006, pp.154-174.

③ 图像的本质在于“模仿”，本文所指的图像可以是照片，也可以不是，但必然指涉着一幕、一个场景。Barthes, R., “Rhetoric of the Image,” in Stephen Heath trans., *Image Music Text*, London: Fontana Press, 1977, pp.32-51.

的、概述性的信息。这一期待作为群体共识在符号生产者对于社会关系的想象中存在，经其修辞与设计，进入符号之中。因而商品单元中，图像总是表现出对应着此类心理距离的“中等距离”，用绝大部分空间“呈现”着完整的商品。而当符号接收者对某一商品格外关注，有着更为强烈的消费意图，与其心理距离大幅度拉近，期待进一步了解时，便会进入详情页。同理，详情页—商品介绍模块中，大量图像表现出对应着此类心理距离的“近距离”，通过类似于电影镜头中“特写”的方式“呈现”出诸多商品细节。[①] 选择恰当的“情态”，以某一群体认定为“自然”的方式，来表现为这一群体所关注的“现实”，这种实现人际功能的手段在电商符号系统中也有所应用。作为视觉符号，这类图像通常有着相似的结构，但在“情态”选择上却相差甚远——在展示商品细节时，一般以商品的真实图像为主，但也可以用文字列出了明确的信息。一枚胸针的潜在消费者会更倾向于关注可以通过视觉体验、关涉佩戴效果的细节，因而用更为适合的图像“呈现”出胸针的样式、色泽、光彩等属性成了符号生产者的选择。同理，一台“游戏本”的潜在消费者会更倾向于关注其性能、配置等影响使用体验的细节，因而使用专名[②]明确显卡、内存、处理器等的配置，列出具体数据成了符号生产者的选择。胸针的潜在消费者与“游戏本”的潜在消费者作为两个群体，关注着同一现实的不同侧面，因而在符号中寻求着不同的“现实”，而符号生产者则推断出其所关注的侧面，在符号生产的过程中进行“情态”选择，以实现人际功能。

① Kress, G. and van Leeuwen, T., *Reading Images: The Grammar of Visual Design*, London and New York: Routledge, 2006, pp.114-153.

② 我们应当注意到的一个事实是，显卡等电脑配件，就其本体而言，各种类间视觉上的差异并不明显，亦非消费者关注的重点，图像所“呈现”的对象的大量属性成为冗余，因而消费者并不习惯于通过图像来确定其类别，故使用区分性更强、同样具有“符号理想性”的专名成了更为“自然”的表达方式。参见卢德平：《〈逻辑哲学论〉的符号学向度》，《科学技术哲学研究》2022 年第 1 期。

(二)语言符号的变异

这一部分我们研究静态的语言符号本体,也即在组合关系之外、作为"形式"的语言符号。语言符号在几乎所有页面中均存在,我们要指出存在着明显结构差异的两类。第一类存在于电商平台的多个界面之中,分布广泛,以商品单元内的商品标题为典型;第二类语言符号的分布较为局限,几乎只在进行大段文字说明时出现。这两类语言符号存在语言结构上的明显分异,反映出其间的模态取向差异。一类语言符号的语言结构较之自然语言,在质料平面发生了明显变异,句法特征缺失,没有既定阅读方式,在模态取向上更接近图像,是独属于这一群体的意义生产资源,既能在结构平面与图像结合得更为紧密,也因其关键词式、要素化的特征为检索提供了便利;二类语言符号则更多地保留了自然语言的特征,句法结构复杂,近似书面语言,承担起其所具有的社会、文化功能:两类语言符号的形式与功能相对应,而其功能上的分化反映在外延层面,导致了形式的分化。

"模态由社会塑造,文化赋予,是用于意义生产的资源"[①],表征手段在实现意义生产的能力与方式上的差异即为模态差异。从多模态的角度分析,以时间为基本逻辑,是语言符号的决定性特征;图像则与此相反,同时呈现其组成元素以及它们的关系,"阅读方式(通常)由解读者的意趣决定"[②],以空间为基本逻辑。语言符号中,以声音为物质基础的"言说"其"时间性"显而易见,而通过文字实现的"书写"虽然同时呈现了其全部的组成元素,但其存在对于言说"时间性"的接续——其意义生产依赖于句法以及阅读方向、顺序:句法结构以及既定的阅读方式是书写得以以时间为基本逻辑的基础,且以时间为基本逻辑是书写作为语言符号的基本特征之一。

① Kress, G., *Multimodality: A Social Semiotic Approach to Contemporary Communication*, New York and London: Routledge, 2010, p.79.

② Kress, G., *Multimodality: A Social Semiotic Approach to Contemporary Communication*, New York and London: Routledge, 2010, p.81.

电商符号系统中的一类语言符号则缺乏句法结构与既定的阅读方式。以京东的商品标题为例,其命名规则为至多由“商品品牌”“商品品名”“关键信息”“规格参数”四部分构成,不得使用除空格外的其他特殊符号。商品标题的内部结构表现出不自然的高度“粘连”,且各“粘连”部分间并不体现出层级关系,而是以类似联合短语的形式存在;其中,不自然的高度粘连是商家向平台以及消费者让渡了符号权力,以获得更多的流量分配以及更好的搜索返回结果,并非一类语言符号的共有特质;而“关键词”的简单拼接取代层级关系,整体结构上缺失句法则是其决定性特征,体现出电商符号系统中这一语言符号有着不同于一般“书写”的意义生产方式,即一定程度上不再局限于特定的阅读顺序与方式。一类语言符号在电商符号系统中的分布相当广泛,二类语言符号在电商符号系统中则较为少见,这类语言符号在语言结构上与书面语言没有明显区别,只是在功能指向上偏离了自然语言。

在电商符号系统中,语言符号丰富着图像符号的内涵,起到“锚定”与“转递”两类作用[①],于视觉设计在结构平面确立好的外延结构下构建起另一层落实在功能上的组合关系。这一组合关系中,图像虽然仍是信息的主体,但对其表征资源的使用已经结束,外延特征已然固定下来,故在这一阶段的符号生产过程中处于次要地位,而语言符号则成了符号生产者进行操作的主要对象,决定着其在组合关系中的功能。因此,以语言符号与图像符号间组合关系所实现的功能为依据,我们将组合关系之中的语言符号分为四类——内含文字、说明文字、附加文字、伴随文字(见表1)。

① Barthes, R., “Rhetoric of the Image,” in Stephen Heath trans., *Image Music Text*, London: Fontana Press, 1977, pp.32-51.

表 1　四类文字

名称	结构特征	功能
内含文字	是图像所指涉场景中本就含有的语言符号	作为商品的固有属性存在
说明文字	多数由“自我表征”与“建立交流”两部分组成	“锚定”作用
附加文字	多数情况下仅包含“自我表征”部分	非典型的“锚定”作用
伴随文字	近乎独立的意指系统	“转递”作用

其一，内含文字。内含文字的外延特质是其区别性特质，它是图像所指涉场景中本就含有的语言符号，是处于图像真正意义上内部的语言符号，在各种外延维度上都与图像融为一体，仅因符号质料上的差异而凸显出来。在电商符号系统中，几乎只是作为商品的固有属性出现，或是衣物上作为设计元素存在的文字、各类商品上的品牌名等，因而，总体上，内含文字属于商品本身而非电商符号系统，于此我们不再进一步讨论。

其二，说明文字。说明文字可能出现在图像外部，也可能出现在图像内部，即使出现在图像内部，也并非图像所指涉场景的一部分，而是浮于场景之上，与图像明显分离。但外延分布不是其核心区别性特征，语言符号内部的结构与组合关系中的功能才定义了这一属类。语言结构上，虽然并非全部，但大量说明文字都展现出统一的特定内部结构——由“自我表征”与“建立交流”两部分构成①。“自我表征”部分总是描述着商品本身，是对于其特征的提取，而余下的“建立交流”部分则

① 对照卢德平在《城市社区的语言表征——基于北京市“月亮河休闲小镇”的分析》[《全球城市研究（中英文）》2024 年第 5 期]中对于典型语言景观的研究，我们发现，与典型语言景观中呈现出对于“自我表征”与“建立交流”进行二择的现象不同，说明文字总是将这两类“表征之力”结合起来。

将作为主体的符号接收者卷入其中，涉及主体的消费行为、体验，是响应他们的"交流事件"[①]，试图构建起符号生产者与符号接收者之间的关系。组合关系之中，说明文字对于图像符号的"锚定"作用十分典型，总是在两类作用中占据着主导地位。这一功能分别在两个平面上实现：一方面是其外延部分与图像的外延层面相互作用，表现为对图像内容的不完整描述，作为一种元语言存在；另一方面是其内涵部分与图像的内涵层面相互作用，限定并钳制着其内涵意义[②]，表现为对于图像的引导性阐释。"锚定"作用上的二分与说明文字语言结构上的二分存在对应关系：图像的外延层面总是倾向于与"自我表征"部分相互作用，而内涵层面则倾向于与"建立交流"部分相互作用。

其三，附加文字。对附加文字与说明文字进行外延上的区分缺乏意义，它们在各方面都很相近，甚至会混杂在一起，两者之间的差异体现在语言内部结构与在组合关系中的功能上。语言结构上，附加文字不表现出"自我表征"与"建立交流"复合的特征，大多数情况下属于后者。同样，这一语言结构上的特征也指向了其在组合关系中所发挥作用的特征。组合关系之中，附加文字很少与图像的外延层面相互作用，并不像说明文字那样指涉着图像符号在产生时即具有的可能含义，而是析出自他者的话语，借助两类符号在同一个所指对象——商品——上的连结，将信息"回溯性地编入图像之中"[③]，赋予其一套全新的、高度意识形态化的内涵。这可以视作一种非典型、不完全的"锚定"作用：附加文字与图像的外延层面近乎分离，但在内涵层面上，它仍然引导着解读，将意义"锚定"，只是这些意义并不源自图像。我们或许可以说，附加文字实际上作用于图像所"呈现"的对象——商品，只是在电商符号

① Swales, J., *Genre Analysis*, Cambridge: Cambridge University Press, 1990, p.45.

② 但这并不体现为一种削减，图像符号过于丰富的潜在内涵意义干扰着符号接收者的解读，造成了表达功能的障碍，让图像表现出某种交流层面上的意义"枯竭"，因此语言符号的"锚定"作用实际上工具性地促进着解读，从结果来看，仍然表现为对图像符号内涵意义的丰富。

③ Barthes, R., "Rhetoric of the Image," in Stephen Heath trans., *Image Music Text*, London: Fontana Press, 1977, pp.32-51.

系统中，通过图像符号的中介才实现了这一作用。

其四，伴随文字。这类文字与图像符号的关系较为疏远，几乎是独立的意指系统。这类文字实际上通过组合关系实现了“转递”的功能，我们将在对符号与语境间的构成关系进行分析时作进一步说明。

语言符号与图像符号在功能平面的组合关系向上勾连着视觉符号的外延结构，向下又牵涉着语言与图像符号本体的变异，是视觉设计的“语言”至关重要的中间层级。例如，在“分析性结构”中，语言符号作为“所具属性”，为“载体”所承载，符号生产者选择这一结构，意图为凸显其有意选择的“载体”的部分“属性”，而说明文字与附加文字于组合关系中通过“锚定”作用引导性地阐释着图像的内涵意义，在语义上实现了符号生产者试图通过外延结构表达的“组合的意义”；一类语言符号在模态取向上的变异则为说明文字和附加文字与图像实现这种组合关系提供了相容性的基础。

二、两重构成关系

电商符号系统中存在着两重构成关系——符号与语境间构成关系、符号间构成关系，两类构成关系分别在语境与文本两个平面上实现了语篇功能。

“‘意义’在得到实现之前并不‘存在’。”[①]“实现”是指以某种形式成为符号，得到表达。意义以符号的形式作为符号过程的一个停顿并从中脱出时，经历了三次“定相”(fixing)，即物质上与本体论或符号学上定相为模态，制度上与认识论上定相为话语，社会上依据恰当的社会关系作为定相为体裁[②]。本文只讨论作为语境化手段的体裁，以及其对于

① Kress, G., *Multimodality: A Social Semiotic Approach to Contemporary Communication*, New York and London: Routledge, 2010, p.93.

② Kress, G., *Multimodality: A Social Semiotic Approach to Contemporary Communication*, New York and London: Routledge, 2010, pp.108-116.

意义生产在物质层面的影响。

体裁作为社会与符号的中介，强调社会架构、社会实践，以及社会交互的“涌现”，投射出社会关系，并为其实现提供了符号学配置，因而体裁提供了语境化的手段。电商符号系统中存在着至少两类明显不同的“取向”，反映出社会关系以及语境的差异：广告取向与信息取向。

综合来说，广告（advertise）的词源“aduertō，aduertere”“To pay attention，give heed（to），notice，see”，便揭示了广告取向的核心特质，即以“向大众视野提供产品、服务、观点，或动机，以说服大众通过某种方式针对广告对象做出反应”为目的。这一取向在电商符号系统中占据着主导地位，在模态层面反映出明显的倾向：在视觉符号的构成中，多使用图像以及一类语言符号，阅读路径自由度高，没有事先给定的阅读顺序，而是由符号接收者意趣决定；符号接收者“免于语言‘描述’的枯燥”，面对着一个“不那么‘费神’的系统”。[①] 这类取向基于“修辞者”与“设计者”对于“解读者”的想象，投射着一种特定的社会关系：广告主与大众。此外，我们应当注意到，广告主是一个不同于平台或商家的身份，也并不完全包含其中任意一者。

信息取向以阐明事实为目的，意在对事物、概念等做解释说明，提供真实情况，表述清晰严谨，信息密度高，几乎不使用图像符号与宣传式的话语，而是以二类语言符号为主，兼有一类语言符号。这一取向高度信息化，大量的“符号劳动（semiotic work）”[②]交由符号接收者完成，投射出不同于广告取向的社会关系：经营者与消费者——诉诸法律的权利与义务关系。同样，经营者的身份也不与商家或平台重合。虽然这一取向的符号在统计上与平台生产的符号高度重合，但也包含来自商家的符号。“伴随文字”几乎都应用了这一取向，如果将按照一定顺

① Barthes，R.，“Rhetoric of the Image，” in Stephen Heath trans.，*Image Music Text*，London：Fontana Press，1977，pp.32-51.

② Kress，G.，*Multimodality：A Social Semiotic Approach to Contemporary Communication*，New York and London：Routledge，2010，p.137.

序阅读的详情页视作一个自洽的叙事系统，我们可以认为伴随文字所实现的正是“转递”功能：应用信息取向的符号承载着高密度的信息，与应用广告取向、易于阅读的其余符号形成了互补关系，二者同为叙事系统的组成部分，且在这一层面实现了信息的协调。[①]

由此，基于对社会关系的不同想象，符号的修辞者与设计者总结出上述两种作为社会关系投影的不同取向，以此为依据进行符号学配置，完成了语境化，而符号则展现出其与语境间的构成关系，在语境层面上实现了语篇功能：电商符号系统中存在的两种取向彼此协调，在通过文本进行的交流之中，既实现了宣传推广的目的，也阐明了权利义务关系。

本文要探讨的符号间构成关系包括两类。一类是视觉符号的“边界”，由符号生产者设计，其过程内隐，仅结果对外可见，既是电商符号系统作为虚拟语言景观，其空间性得以建立的基础，也划定了视觉符号间的层级关系，是文本得以形成的基础；另一类是建立在阅读路径上，经符号接收者通过视觉符号间组合关系进行二次符号生产而形成的文本，过程外显，体现出电商符号系统的动态化与过程性，在文本层面上实现了语篇功能。

电商符号系统中，“边界”[②]作为视觉设计的“语言”的一部分，利用直观的视觉体验切分着视觉符号，可归为三类：隐含边界、内部边界、外部边界。隐含边界是指，在质料平面——切分出“元素”[③]的边界。同理，在通过书写系统实现的语言符号中，视觉上切分出“词”[④]的边界也是隐含边界。内部边界是指，在结构平面切分出视觉设计的“语言”中

① Barthes, R., “Rhetoric of the Image,” in Stephen Heath trans., *Image Music Text*, London: Fontana Press, 1977, pp.32-51.

② 我们在此处不讨论有关“边界”本体的问题，因为我们认为其本体论地位的处境与“洞”类似，本文中所说的“边界”只是直观视觉体验上的“边界”。

③ Kress, G., *Multimodality: A Social Semiotic Approach to Contemporary Communication*, New York and London: Routledge, 2010, p.81.

④ 在像中文这样的书写系统中，很难定义“元素”这一单位，它有可能是“词”，也可能是“字”。在本文中，我们将采用“词”这一说法。

视觉符号各个组成部分的边界。外部边界是指，切分出一个个完整视觉符号，建立起电商符号系统空间性的边界。

三类不同的边界起着不同的切分作用，使得电商符号系统中的视觉符号作为一种模态，分节并有了层级性。我们或许可以将其与自然语言作这样一种类比：隐含边界在静态表征资源中切分出的“元素”，类似于自然语言中的词，是意义表达的基本单位；当这些表征资源为视觉设计所使用，进入动态的符号生产过程，彼此间发生组合关系，构成了具有特定外延结构与意义表达功能的单元，类似于自然语言中的短语或小句，这些单元被内部边界切分出来，确立了视觉符号内部的层级结构；而完整的视觉符号则类似句子，是“视觉语法”的最大单位，也是使用视觉符号进行意义表达的基本单位，由明显边界切分。

“空间”的定义众说纷纭，但“物体”（object）以及“物体间的可能关系”（possible relations among objects）始终是用于定义“空间”的重要概念。电商符号系统中，明显边界切分出视觉符号，使其在视觉体验与意义表达上成为具有独立性的基本单位，得以被视作一个个“物体”，让彼此间的关系如排布与相对位置等显现出来，建立起了电商符号系统的“空间性”。

多个作为意义表达基本单位的视觉符号，在符号接收者主导的阅读过程中，进入二次符号生产，构成了文本。这一心理过程部分地投射在物质层面上，体现着电商符号系统的动态性与外显的过程性。试着构想这样一个阅读过程：符号接收者在搜索栏中输入“杯子”，通过顶部的“筛选器”调整了商品条目的排布，并开始翻阅，随后通过某个商品条目，进入详情页，并由上至下浏览了整个页面。这一过程中，符号接收者以接收到的符号为解读基础，通过符号生产者所提供的机会，对其理解基础进行调整。这一过程中，符号生产者的阅读路径虽然受个人意趣影响，在符号生产者的视角中无法完全预测，但在页面与页面间的阅读顺序却因受到平台设置的限制而大致确定——在了解一个商品的信息时，总是先从首页或搜索页开始，再到详情页，且在单一页面内最可能的阅读顺序也有着强烈且确定的倾向——以视觉符号为基准，从上至下滑动屏幕阅读。符号生产者便以此为依据，结合符号接收者的心理，进行修辞与设计，以多次实现人际功能，而这些符号在文本层面体现出的规律性变化便是其实现了语篇功能的证明：从首页或搜索页到详情页，文本的主要功能从对多个商品的聚合性展示转变为针对单一商品的细节性摹状，其构成中语言符号的占比逐步增加，非语言符号逐步减少；语义指向性逐步增强，信息密度逐步增大。

三、元语言系统的生成

元语言不应局限于科学语言，当日常语言在其外延状态下便以意指系统作为对象时，它便成为"操作"，即元语言。[①] 遵循这一定义，在符号学的视角下，我们可以发现元语言系统不只局限于语言符号之间：图像、姿势、表情、服装等，只要其自身被视作意指系统，那么在外延状态下以之为所指对象的二阶意指系统便是一种元语言系统。

如此定义下，元语言系统的可能结构在电商符号系统中普遍存在，但元语言系统则在交流中、经由符号接收者主导的第二次符号生产后才生成出来。依此，我们将元语言系统分为三部分——元语言、对象语言、主导元语言功能，并给出如下定义：在每一次对于元语言系统可能结构的阅读过程中，都有可能生成元语言系统。我们将元语言系统中

① Barthes, R., *Elements of Semiology*, trans. by Annette Lavers and Colin Smith, New York: Hill and Wang, 1968, pp.89-98.

在阅读顺序上优先的部分称为对象语言，余下的部分称为元语言[①]，元语言相对于对象语言所实现的主要功能称为主导元语言功能，主导元语言功能则区分着元语言系统的类型。如是生成的元语言系统，作为符号接收者赋予其所构建文本的一种意义表达结构，落实在二次生产后的视觉符号的功能平面，通过主导元语言功能，促进对于符号的解读，是符号生产者与符号接收者进行交流的基础之一。在电商符号系统之中，我们要指出的有两类——类锚定系统与类型化系统。

（一）类锚定系统

我们将主导元语言功能为"类锚定作用"的元语言系统称为类锚定系统，即元语言是对于对象语言的不完全描述，相对于对象语言起着类似于"锚定"的作用。

这类元语言系统的可能结构在电商符号系统中与在视觉符号功能平面实现"锚定"功能的结构高度相关，例如，我们在上文对于说明文字与图像间构成关系的分析中提及，如果在生成的元语言系统中，说明文字作为元语言，图像作为对象语言，则这一类系统便归属于类锚定系统。而与说明文字在功能上相近的附加文字，也能与图像构成元语言系统。在可能的元语言结构层面，附加文字已将信息编入图像之中，因而作为元语言的附加文字也表现为对于图像的不完全描述，因此，若附加文字作为元语言，图像作为对象语言，则构成的元语言系统也归属于类锚定系统。此外仍然存在一类特殊的类锚定系统，例如，"筛选器"中选中价格，并且正序排列，便可以生成一种类锚定系统，对象语言为已经应用筛选后出现的商品条目，元语言则是商品条目的排列顺序。这

① 我们认为，在心理上，一个元语言系统中的对象语言存在总是先于元语言，且依照元语言最初的定义，即"用于谈论对象语言语形形式的语言"，且这应当是自明的。此外，需要注意的是，在元语言的可能结构中，可能的对象语言与元语言就已存在并彼此分离，这种分离是元语言系统的可能结构所固有的，阅读顺序只是"激活"并确立两者关系的依据，而非将二者分离的依据。Carnap，R.，*Logical Syntax of Language*，trans. by Amethe Smeaton（Countess von Zepplin），Oxford：Routledge，2001，pp.1-11.

种顺序是一类意指系统，以“布局”为模态[①]，而“价格”与“正序排列”则锚定了这一排列的可能意义[②]，即以价格为标准由高至低排列。这种顺序将价格高低编入了商品条目之中，使得在元语言系统中，排列顺序成为对商品条目的一种不完全描述，形成了类锚定系统。

（二）类型化系统

我们将主导元语言功能为类型化作用的元语言系统称为类型化系统，即元语言作为元符号标记着作为对象符号的对象语言，凸显出对象符号间的相似性，相对于对象语言起着类型化[③]的作用。

这类结构通常由两部分组成——作为“筛选器”存在的符号与被筛选后呈现的符号，如首页—顶部与首页—商品推荐，搜索页—筛选器与搜索页—商品陈列。用户可通过与筛选器进行交互，“修改”其在这一界面所接受的符号。假设我们对搜索页进行一次阅读，并将“家用”与已经应用这一筛选后出现的商品条目之间构成元语言系统，且以“家用”为元语言，商品条目为对象语言，那么所生成的元语言系统即为类型化系统。“家用”作为元符号，标记出商品条目间所传达的共同信息之一，凸显出其相似性，完成了类型化。类似的，在首页中，我们可以以相同的方式在“图书”“厨具”等与已经应用这些筛选后的商品单元之间构成类型化系统。在不包含“筛选器”的结构中，类型化系统依然可以存在。

（三）余论

关于元语言系统，我们还应当指出以下几点。首先，元语言系统之

① Kress, G., *Multimodality: A Social Semiotic Approach to Contemporary Communication*, New York and London: Routledge, 2010, p.81.

② 我们应当注意到，在这一预设下，“价格”“正序排列”以及排列顺序之间也构成了类锚定系统，这一系统作为元语言嵌入了上一级系统之中。

③ 类型化这一概念借用自 Asif Agha：“……多种多样的对象——一些特定的话语，姿势，衣物，鞋类等——它们自身是符号，又被元符号学分类归为一类，一个符号域。而这一分类便是元符号，将其余符号类型化的符号，在其符号域中激发着对象（符号）间的相似性。”Agha, A., *Language and Social Relations*, New York: Cambridge University Press, 2006, p.22.

间的允许重合。其次，在元语言系统生成时，阅读顺序区分了对象语言与元语言。通常，在非线性阅读的前提下，阅读顺序总是与符号对于接收者重要程度一致，而在一个给定的符号组合内，凸显程度可以指示社会重要性。[①] 这意味着，多数情况下视觉设计上的凸显程度便决定了"最有可能的阅读顺序"，但在个体的解读活动中，符号接收者的意趣仍然起着决定性作用。浏览者的阅读顺序均是依据凸显程度所假定的"最有可能的阅读顺序"，如果我们改换阅读顺序，也能生成不同类型的元语言系统。例如，在某则选购信息中，"服务"的下级选项包括"先行理赔""闪电退款"等。这一结构在一般阅读顺序中，将生成类型化系统。但若以下级选项为元语言，"服务"为对象语言，将会生成一个类锚定系统。最后，类锚定与类型化两种功能总是同时存在。但在一次阅读所生成的元语言系统中，只有一种功能占据主导地位，故我们将占据主导地位的功能称之为主导元语言功能，并以此区分元语言系统的种类。

结　语

在电商平台这一社交情景下，人们进行着社会实践，分别作为符号生产者与符号接收者，借助所面对着的符号文本完成语境化，获得各自的身份——或是用户、商家、平台，或是广告主与大众，抑或是经营者与消费者——依此选择并在"此时此地"自认为恰当的方式，运用可能的表征资源，将由自己生产出来、所需表达的意义以某种形式物质化，以期实现交流的目的。而在这样一次又一次的社会实践中，频繁参与着交流的人们作为特定群体，在文化的构建下发展出了一套共识——从

① Kress, G. and van Leeuwen, T., *Reading Images: The Grammar of Visual Design*, London and New York: Routledge, 2006, pp.201-208.

中“析出”的“语言”——电商符号系统。这样一套符号系统作为电商平台这一虚拟语言景观的表达“规范”,使其表现出动态化,符号生产过程外显,运用多模态表达,强调视觉符号的特征。电商平台是市场经济高度发达这一时代背景的产物,由此我们似乎也可以窥见一点,当代社会中,正由“现代”向着“后现代”转变的人们运用符号进行表达的倾向与趋势:以视觉符号为例,符号能指与所指间的“距离”正在扩大,能指的物质形式日渐复杂,意义表达更多依赖于能指的物质形式。詹明信(Fredric Jameson)笔下的现代社会中,能指与所指构成的语言脱离了指称物[①],那么在如今我们身处的当代社会之中,能指与所指间的“断裂”或许即将到来。

① [美]詹明信:《现实主义、现代主义、后现代主义》,刘象愚译,张旭东编:《晚期资本主义的文化逻辑:詹明信批评理论文选》,陈清侨等译,生活·读书·新知三联书店、牛津大学出版社1997年版,第275—300页。

语言学家威廉·琼斯的《摩奴法典》英译本初探

陈满华*

【摘要】 英国著名语言学家、东方学家威廉·琼斯爵士于1794年发表印度经典《摩奴法典》的英文全译本，这是《摩奴法典》的第一个西文译本，对后世影响很大。该译本具有多方面的重大价值，最主要的是保留了一个很珍贵的早期校注版本，一些内容不见于他本，在文字表述方面与某些版本也有差别。这些差异对印度历史文化研究和此经典的校勘都有很高的价值。该译本在翻译语言上也有特色，其遣词用语体现了鲜明的古典色彩，与这一远古流传下来的经典相吻合。

【关键词】 琼斯爵士；摩奴法典；英译本；早期本版；语言特色

引 言

就研究印度历史文化而言，《摩奴法典》无疑是一部十分重要的经典。到目前为止，此书有两个汉语译本，一是马香雪从迭朗善(A. Loiseleur Deslongchamps)的法文译本转译的《摩奴法典》(商务印书馆，1982)，一是蒋忠新译自梵文本的《摩奴法论》(中国社会科学出版社，1986/2007)。迭朗善的法文译本出版于19世纪30年代①，是比较

* 作者简介：陈满华，中国人民大学文学院教授，博士生导师。

① 刘家和译序，载迭朗善译、马香雪转译：《摩奴法典》，商务印书馆1982年版，译序，第Ⅴ页。

早的译本。然而，著名东方学家、英国学者威廉·琼斯爵士（Sir William Jones）于1794年就发表了《摩奴法典》的英文全译本[①]，比迭朗善的法文译本早几十年出版。琼斯的译本是第一个西文译本，有极高的价值，对后世（主要在西方）影响很大，包括迭朗善的翻译也深度参考了琼斯译本，甚至直接沿用了琼斯的附注。我国学界已注意到这个英译本，近年陈满华的《威廉·琼斯：东方学、历史比较语言学的先驱》很简略地介绍了此译本[②]，但是迄今无专题研究，更无汉语转译本，因此对其了解很有限。有鉴于此，本文在陈满华的简介基础上，多角度进一步探讨这个珍贵的译本。

在18世纪的学术史上，威廉·琼斯爵士是一个熠熠生辉的名字。他是历史比较语言学的先驱，伟大的语文学家，他提出的印欧语假说是划时代的学术创新，其移译多种语言的系列成果也是人类翻译史上的一座丰碑。在赴印度之前，琼斯在英国长期担任律师。1783年琼斯抵达印度，任加尔各答最高法院法官。作为一名律师、法官和法学家，琼斯很重视古代东方的法律思想及宗教、社会礼仪等。他翻译和注释了东方国家的许多重要典籍，在向西方传播东方文化方面做出了杰出贡献。他翻译的梵语文献涵盖了古代印度几乎所有重要经典，其中有《沙恭达罗》（*Sakuntala*）、《奥义书》（*Upanishads*）全译本、《吠陀》（*Veda*）、《罗摩衍那》（琼斯拼写为 *Ramayan*）的节译本。他翻译的最后一部重要著作就是《摩奴法典》。与其所译的其他印度经典一样，琼斯的英译本《摩奴法典》也是直接译自梵文原本。

① Jones, W., *The Works of Sir William Jones*, Vols. VII-VIII, ed. by Lord Teignmouth, London: John Stockdale, 1807.

② 陈满华：《威廉·琼斯：东方学、历史比较语言学的先驱》，高等教育出版社2015年版，第96—100页。

一、最早的译本

在琼斯的英译本之前,《摩奴法典》有一个波斯语译本[①],但那时候印度名义上还处于莫卧儿王朝统治下,境内通用波斯语(官方语言),因此波斯语译本在当时的印度算不上严格意义上的"外国语"版本。1783年琼斯受英国政府派遣来到印度,在加尔各答任孟加拉最高法院法官。他系统地考察了印度的古代法律,从1786年开始实施一个宏大计划,即组织一批专家(含印度学者)编辑印度和穆斯林法律文摘汇编。这期间,他发现印度的各种法律文献都频繁引用《摩奴法典》的内容,于是决定先把这部法论经典翻译出来。琼斯的英译本于1794年3月在加尔各答印刷,7月正式出版发行[②]。

琼斯译本(Jones, 1807)的全名为《印度律法教义,或鸠鲁伽校注本摩奴法令:含印度僧俗义务体系》(*Institutes of Hindu Law, or, the Ordinances of Menu*[③], *According to The Gloss of Cullúca, Comprising the Indian System of Duties, Religious and Civil*),正文里的总标题则是《梵天之子摩奴之法典》(*The Laws of Menu, Son of Brahma*)。本文将其简称为《摩奴法典》。书名的这种情况类似《国富论》《物种起源》等名著,也是一个长标题的简称。该译本于1796年在加尔各答和伦敦同时再版。1807年,时任印度总督、琼斯的朋友泰恩默斯(Sir J.S. Teignmouth)亲自编订的《威廉·琼斯爵士文集》(*The Works of Sir William Jones*)第7、8两卷收入了这部译著,全书482页,由前言(Preface)、法典正文和总附注(General Notes)三个部分组

① Jones, W., *The Works of Sir William Jones*, ed. by Lord Teignmouth, London: John Stockdale, 1807, Vol. VII, p.87.

② 以上关于琼斯的翻译计划和最早出版信息的史料来源于 Cannon, Garland, *The Life and Mind of Oriental Jones*, Cambridge: Cambridge University Press, 1990, p.348.

③ "摩奴"的英文现在通常为"Manu",跟琼斯的拼法(Menu)稍有区别。

成，其中法典正文的内容占460页[①]。本文所引《摩奴法典》（琼斯译本）内容即以此文集的本子为据。[②]

琼斯的《摩奴法典》英译本是该经典第一个正式出版的欧洲语言译本，可以说，是这个译本第一次真正把这部法典推向了世界。琼斯译本之后又出了许多不同译本，200多年来，包括英、法、德、日、俄、汉在内的许多语言都出了译本，有的语言还不止一个译本。例如，到20世纪80年代，至少已有七个英译本、两个日译本、两个俄译本。我国读者比较熟悉的译本主要有法国迭朗善的法文译本、德国梵语学家比勒尔（Johann George Bühler，1837—1898）的英译本等，前者比琼斯的译本晚了至少40年[③]，后者又晚了近一个世纪[④]。迭朗善的译序说，"我今天发表的这一译本，其原著在法国只有东方学者和少数研究比较法的人知道；在这以前，人们只能看到十八世纪末威廉·琼斯（William Jones）的英译本"[⑤]。

在我国，1982年商务印书馆出版了《摩奴法典》汉译本，译者马香雪。有些遗憾的是，此书并非依据梵语原本译出，而是据迭朗善的法文本转译的。到1986年，我国才出版蒋忠新直接译自梵文的中文本，书名改为《摩奴法论》。[⑥]我国这两个译本的译序或译者前言都介绍了多种国外译本，却没有提到实际上是第一个外语译本的琼斯译本[⑦]，这也是比较遗憾的。

① 具体情况是，第7卷第74页是标题页，第75—90页是"序"，第7卷91—399页、第8卷1—151页是法典正文，第152—156页是"总附注"。

② Jones, William, *The Works of Sir William Jones*, ed. by Lord Teignmouth, London: John Stockdale, 1807, Vol. VII, pp.74-399; Vol. VIII, pp.1-156.

③ 迭朗善"于1830年在巴黎刊行了《摩奴法典》的一个梵文原本，1832—1836年间又将它译成了法文。"此记载见于刘家和译序，载迭朗善译、马香雪转译：《摩奴法典》，商务印书馆1982年版，第Ⅴ页。

④ 蒋忠新译：《摩奴法论》，中国社会科学出版社2007年版，译者前言，第4页。

⑤ 迭朗善译、马香雪转译：《摩奴法典》，商务印书馆1982年版，序言，第1页。

⑥ 该译本后来出了一个新版本（中国社会科学出版社，2007年），目录的编排有调整，其余内容没有变动。

⑦ 刘家和译序，载迭朗善译、马香雪转译：《摩奴法典》，商务印书馆1982年版；蒋忠新译：《摩奴法论》，中国社会科学出版社2007年版，译者前言。

琼斯英文译本的开创之功显而易见。例如，迭朗善的法文译本虽译自梵文，但很明显地受了琼斯译本的影响。迭朗善认真研究了琼斯英译本，译本序言里一再提及琼斯译本，而且对其贡献和成就多所赞誉[①]。迭朗善的译本在最后还直接照录了琼斯的"总附注"。迭朗善的序言介绍了琼斯《摩奴法典》英译本的重大影响，包括对自己的翻译有"莫大的帮助"。在该序中他也提到学术大师们对该译本的高度评价，这些学者包括欧洲梵语权威科尔布鲁克（H. T. Colebrooke）和史勒格尔（Friedrich von Schlegel）。科尔布鲁克在援引《印度契约法，继承法汇编》中引用的摩奴法论章句时，经常采用琼斯译文的内容；史勒格尔在其《亚洲语言研究》一书中对琼斯译本有很肯定的评价，例如："琼斯译本大体上可以说是非常忠实于原文的，它有时不免陷于意译，但由于原文诗句的简略，意译几乎是很难避免的，译笔的文采尤其令人叹赏；它既表现了法律的尊严，又兼有一种说不出来的神圣和古朴，看了它，我们就像着了魔似的置身于使这些宗教法和社会法得以付诸实施的那些世代、风尚和思想范畴之中……"[②]科尔布鲁克是与琼斯同时代的英国杰出梵文学家、翻译家，著有《梵语语法》。史勒格尔（或"史莱格尔"）是法国学者，19世纪欧洲著名梵文教授，历史比较语言学史上的一位重要人物，著有《论印度人的语言和智慧》，该书是语言学、东方学史上的经典名篇。这两位学者都精通梵文，对印度经典有精深研究。

比勒尔的《摩奴法典》英译本是现代影响最大的译本，而比勒尔本人也受益于琼斯译本，对琼斯译本称赞有加。他说："我感谢威廉·琼斯爵士的伟大工作，尽管过去一百年里梵语语文学取得了进展，但是他的工作仍然具有很高的价值。"[③]

当代文学与文化批评家萨义德（Edward W. Said）在其名著《东方

① 迭朗善译、马香雪转译：《摩奴法典》，商务印书馆1982年版，序言。
② 参见迭朗善译、马香雪转译：《摩奴法典》，商务印书馆1982年版，序言，第5页。
③ 转引自 Cannon, Garland. *The Life and Mind of Oriental Jones*, Cambridge: Cambridge University Press, 1990, p.350.

学》(*Orientalism*)里一再提到琼斯及其巨大贡献,他特别强调琼斯对梵语、印度学的杰出成就。他认为,在东方学史上,"安格迪尔[①]打开了一幅巨大的画卷,而威廉·琼斯则将其逐渐卷起来,对其进行编码、归类和比较"[②]。毋庸置疑,琼斯的"编码""比较"等工作包括他的一系列印度经典的译介,其中当然有《摩奴法典》的译介。

琼斯明言他翻译《摩奴法典》是给欧洲人阅读的,书中瑕瑜互见,律师和史家都会对此书产生极大兴趣。[③]此非虚言,后来该译本的流传情况证实了他的预测。

二、序言和总附注里的珍贵史料

琼斯为自己的英译本写了一个序,这个序比较长,其中相当一部分内容是说明该著的性质,大量篇幅介绍了摩奴和《摩奴法典》的来龙去脉。毫无疑问,《摩奴法典》的宗教色彩很浓。琼斯在序中说,印度学者(Pandits)一般认为,梵天把法论教给摩奴,有十万颂(verses,也可译为"偈"——引者),后来为了方便人类阅读,诸神多次删减内容,最后留下了 2685 颂。[④] 那么,摩奴是谁?琼斯认为,"摩奴"这个词象征智慧,最早的摩奴是人类始祖,正如犹太人、基督徒所称之亚当。[⑤]

在序中,琼斯还详细介绍了此书的流传版本和整理历史。从这个序中我们可以知道,到 18 世纪下半叶,《摩奴法典》已经有多种校注本(glosses or comments)。这些文献总体上构成了一部法论(Dhermasástra[⑥]);在接近琼

① 即法国东方学家杜派龙(Anquetil du Perron)。

② [美]爱德华·W.萨义德:《东方学》,王宇根译,生活·读书·新知三联书店 2007 年版,第 100 页。

③ Jones, William, *The Works of Sir William Jones*, ed. by Lord Teignmouth, London: John Stockdale, 1807, Vol. Ⅶ, p.88.

④ Jones, William, *The Works of Sir William Jones*, ed. by Lord Teignmouth, London: John Stockdale, 1807, Vol. Ⅶ, p.84-85.

⑤ Jones, William, *The Works of Sir William Jones*, ed. by Lord Teignmouth, London: John Stockdale, 1807, Vol. Ⅶ, p.83.

⑥ 这是琼斯原文的拼法,现代通常拼为 Dharmasāstra。

斯时代的校注本中，比较著名的有密塔梯底（Médhátit'hi）的编订本，护文陀罗阇（Góvindaraja）编定本以及陀罗尼陀罗（Dharanídhera）的编定本，但是琼斯认为这些本子都有明显不足，而最好的本子是鸠鲁伽·跋多（Cullúca Bhatta）的。琼斯说，鸠鲁伽在下了一番苦功钻研和整理大量的稿本以后完成的这部著作，“或许可以说是最可靠的；它是最简略的，然而是已经编定的关于所有作者（无论古今、亚洲的还是欧洲的）校注本中最富启发性的，一点不令人烦闷，是最有学识、最深刻而又最平和的一种”①。琼斯本人即选择这个本子译成了英文。

对待鸠鲁伽校注本，琼斯的处理很慎重，体现了对原作成果的充分尊重。据琼斯自己的说明，“尽管我本人整理了许多关于摩奴的本子，其中有一种是很古老的本子，但是我毫无保留地遵循他（指鸠鲁伽——引者）的文本和解释，他的注释性文字在此以斜体排印；任何读者可以跳过这些内容，就像没有印出来一样，得到的就是一个用罗马字印出的准确的原始文本”②。

用斜体字排印，目的就是显示这些文字不是原版或最初的内容。至于琼斯自己的注释性文字，一律置于末尾所附的“总附注”里了。笔者见到的琼斯译本，确实是这么处理的。

法典正文后面的“总注释”是琼斯自己的注释，而不是法典文本的原注。这个总注释有 4 页多一点，也保存了一些很珍贵的资料。注释的开头说：“印度学者们一致认为，被誉为最古老的立法者的摩奴，他所制定的很多法律仅限于世界最初的三个时期，如今已无效力，其中一些肯定已淘汰。”③这是因为，有一部名为《摩陀那·罗多那·普罗底钵》（*Mandana ratna pratípa*）的文献，里面记载的一些规定与《摩奴法典》

① Jones, William, *The Works of Sir William Jones*, ed. by Lord Teignmouth, London: John Stockdale, 1807, Vol.Ⅶ, p.85-86.

② Jones, William, *The Works of Sir William Jones*, ed. by Lord Teignmouth, London: John Stockdale, 1807, Vol.Ⅶ, p.86.

③ Jones, William, *The Works of Sir William Jones*, ed. by Lord Teignmouth, London: John Stockdale, 1807, Vol.Ⅷ, p.152.

里的规定不一致或有抵触。琼斯在此转录了该书所载数位“神圣人物”制定的19条规则。例如其中一条是“丈夫已故或不能生育时，亲族得与寡妇或有夫之妇生子，这是圣者摩奴自己曾提及的，但鉴于四个时代的秩序，他又禁止这样做：这样的行为在现今时代除了丈夫外任何人不得合法实施”[①]。从某种意义上说，这些规则可以说是摩奴所授内容的补充和修订，也颇有参考价值。

三、正文内容概览及译文管窥

琼斯英译本《摩奴法典》采用口头训谕的形式，即摩奴把梵天所授内容转告给印度学者，除了第一卷前四颂简单叙述众大仙请求摩奴宣讲以外，各卷的内容全部由摩奴的讲话构成，他的话都加了引号。这种形式有点像中国的《论语》记载孔子向弟子讲话的形式。不同的是，《论语》里虽然大量出现“子曰”，但间或也有其他人的简短问话之类，而《摩奴法典》除了开篇时“众大仙”说了一句话，始终只引摩奴的训诫，再无叙述者的话，也无听者插话。

（一）各卷题目

《摩奴法典》一共有12卷，琼斯英译本各卷题目如下[②]：

第一卷 论创世（On the creation）

第二卷 论教育（即第一诫令）（On Education，or，on the first Order）

第三卷 论婚姻（即第二诫令）（On Marriage，or，on the second Order）

① Jones，William，*The Works of Sir William Jones*，ed. by Lord Teignmouth，London：John Stockdale，1807，Vol.Ⅷ，pp.152-153.

② Jones，William. *The Works of Sir William Jones*，ed. by Lord Teignmouth，London：John Stockdale，1807，Vol.Ⅶ，contents：1-2；Vol.Ⅷ，contents：1.

第四卷 论经济及个人品行(On Economics, and Private Morals)

第五卷 论忌口、斋戒和女人(On Diet,Purification,and Women)

第六卷 论虔诚和执着(即第三、第四诫令)(On Devotion; or, on the Third and Fourth Order)

第七卷 论政府或武士种姓(On the Government; or, on the Military Class)

第八卷 论司法,论法律;关于个人和罪犯(On Judicature; and on Law, Private and Criminal)

第九卷 论司法,论法律;关于个人和罪犯;论商人和奴隶种姓(On Judicature; and on Law, Private and Criminal; and the Commercial and Servile)

第十卷 论混合种姓,论苦痛时期(On the Mixed Classes,and on Times of Distress)

第十一卷 论悔过和赎罪(On Penance and Expiation)

第十二卷 论转世和最终解脱(On Transmigration and Final Beatitude)

“颂”以格律体出现,我国《辞海》(1989年版)“摩奴法典”条称该法典为“诗体”,依据即在于此。不过,琼斯基本上以散文体译出。

第一卷讲梵天的诞生、开天辟地之类,与《圣经·旧约》里的开篇异曲同工,还总览了全部法典的内容。其他各卷是分主题的,基本涉及了当时社会生活的各个方面。一般认为,这部名为“法典”的经典所涉内容远远超出了现代意义上的“法律”范围。从琼斯译本来看,情况也确实如此。“既有相当于今天法律方面的内容,又有一般意义上的行为规范,或仪式、礼节,有的实际上属于现今道德层面的一些要求,还有的是关于生活起居的。比较而言,某些方面在性质上与我国古代的《礼记》

有些相似。”[①]

从这个意义上说，蒋忠新译本将书名译为《摩奴法论》比译为《摩奴法典》更贴切些。

(二)译文管窥

《摩奴法典》里的每一“颂”一般就是一句话。下面摘录琼斯英文译本的几个片段(后面括号内附笔者的中译文)，通过这几个片段，可以对琼斯译文有点直观印象，也可一窥古印度宗教、文化之一斑。

第一卷第31颂规定：

> 31. The human race might be multiplied, He caused the *Brahmem*, the *Cshatriya*, the *Vaisya*, and the *Sudra* (so named from the *scripture*, *protection*, *wealth*, *and labour*) to proceed from his mouth, his arm, his thigh and his foot. (Jones 1807[②]: Vol. Ⅶ, 96)
>
> 人类应得繁衍，他从自己的嘴、胳膊、腿和脚分别创造了婆罗门、刹帝利、吠舍和首陀罗(由神典、护卫、财富和劳作而得名)。

“他”指唯一自存神(力)(the sole self-existing power)。这是《摩奴法典》最早正式谈到种姓及其来源。从这一颂可知，婆罗门是唯一自存神用嘴创造的，而嘴是宣谕神典的，因此婆罗门在世间便是僧侣，等级最高贵；刹帝利是自存神用胳臂创造的，而胳臂是用来护卫的，因此他们在世间便做了武士，地位次于婆罗门；吠舍是自存神用腿创造的，而腿是用来跑的，他们在世间便做了商人，地位次于刹帝利；首陀罗是自存神以足创造的，而足是用以踩在底下的，因此他们在世间便做了底层苦力。接下来还有很多颂从各个角度阐述不同种姓的不同地位和行为

① 陈满华：《威廉·琼斯：东方学、历史比较语言学的先驱》，高等教育出版社2015年版，第97页。

② 本文成段引文后标注的“Jones 1807”均指Jones, W., The Works of Sir William Jones, Vols. VII-VIII, ed. by Lord Teignmouth, London: John Stockdale, 1807.

准则等。

第二卷第70—72颂是关于跟从师者读经时的规矩①。具体内容如下:

70. When the student is going to read the *Veda*, he must perform an ablution, as the law ordains, with his face to the north; and having paid scriptural homage, he must receive instruction, wearing a clean vest, his members being duly composed. (Jones 1807: Vol. Ⅶ, 122-123)

当学生准备读《吠陀》时,他必须按照律法的规定洗浴,脸要朝北;表示对经文的敬意以后,他必须着干净外衣、体态端庄地接受指导。

根据该颂,当时人们读《吠陀》时,颇有一番讲究,不可随性而来,无非是对这部圣书表达深深的敬意。接下来有进一步的规定:

71. At the beginning and end of the lecture, he must always clasp both the feet of his preceptor; and he must read with both his hands closed: (this is called scriptural homage.) (Jones 1807: Vol. Ⅶ, 123)

在讲课开始和结束时,他必须触碰一下他的导师的双脚;读的时候,他的两手必须合拢。(这被称为对经文的敬意)

接下来甚至描写了"触碰"导师双脚的具体方式:读经者的双手交叉触碰师者的脚,即读经者的左手摸师者的左脚,右手摸师者的右脚。

这里隐约透露了印度流传至今的以摸脚礼对长者、尊者表达敬意这一风俗的早期情况,或许就是这一如今已世俗化的风俗的最早文献

① 陈满华:《威廉·琼斯:东方学、历史比较语言学的先驱》,高等教育出版社2015年版,第98—99页。

记载。

第四卷第15颂规定：

15.He must not gain wealth by music or dancing, or by any art that pleases the sense; nor by any prohibited art; nor, whether he be rich or poor, must he receive gifts indiscriminately.(Jones 1807:Vol.Ⅶ,204)

他不可凭音乐和舞蹈或其他任何愉悦感官的艺术获取财富，也不可凭任何受禁止的艺术来获取；无论其富足还是贫穷，对于礼品都不可来者不拒。

这一卷标题里的“经济”实际是指财物、生计等。根据现今的道德规范，这一颂除了最后一句我们能接受，前边的内容看起来很荒谬。艺术是创造，需要投入辛勤的劳动，凭什么不能用以获取物质回报？这里关键是“愉悦感官”，看来婆罗门教是相当排斥物质、感官享受的，难怪这部法典的第六卷专讲林栖和苦行之类，也难怪该教有那么多“萨图”(sadhus，苦行僧)。①

第九卷第182、183颂规定：

182. If, among several brothers of the whole blood, one have a son born, MENU pronounces them all fathers of a male child by means of that son; *so that, if such nephew would be the heir, the uncles have no power to adopt sons*.(Jones 1807:Vol.Ⅷ,32)

在几个亲兄弟之间，若有一人得子，摩奴则宣告他们皆为此男孩之父；因此，若该侄子是继承人，则叔伯们不可收养其他儿子。

183. *Thus* If, among all the wives of the same husband, one bring forth a male child, MENU has declared them all, by means

① 陈满华：《“sadhu”是什么？——兼谈holy man的汉译》，《中国翻译》2003年第2期。

of that son, to be mothers of male issue.(Jones 1807:Vol.Ⅷ,32)

同样,在同一丈夫的所有妻子之间,若有人育有男孩,摩奴则宣布她们皆为那名男孩之母。

这两颂的内容表明,在古代印度,男性的地位明显高于女性,男性享有的某一权利并不是女性也一定能享有的;在一名家长(父亲、丈夫)面前,妻子的地位是从属于丈夫的,等等。这一颂的斜体字内容不是法典里原有的,是鸠鲁伽的校注文字。

第十一卷第32颂规定:

32.A PRIEST,who well knows the law, needs not complain to the king of any grievous injury;since,even by his own power, he may chastise those,who injure him.(Jones 1807:Vol.Ⅷ,86)

僧侣熟知法律,他不必因受到伤害而向国王起诉,因为他甚至可以凭自己的威力即可惩处伤害他的那些人。

僧侣一定属婆罗门,据此颂的规定,作为僧侣的婆罗门可以自我惩罚侵害自己的人,而无须诉诸法律途径。为什么可以这样?摩奴认为他们"熟知法律",言外之意自然是会依法行事。这是印度古代种姓制度下婆罗门特权的诸多具体表现之一。"僧侣"(A PRIEST)在原文中用大写字母,应该有强调其身份的意思。

(三)语言风格与形式特色

琼斯是有名的"能操多语者"(polyglot),是历史比较语言学的先驱,在语言上造诣很深,其著述(含译著)中的语言隽永、雅致。《摩奴法典》英译本在语言和形式上也有鲜明的特色。

第一,一如其别的著作(如含印欧语假说的演讲),大量使用虚拟语气,且多用动词原形的形式。例如,"If she have no sons……"(第五卷第148颂),"If, among several brothers of the whole blood, one have a son born……"(第九卷第 182 颂),"If there be a doubt……"(第十卷第 66 颂),等等。

第二,多选书面色彩较浓或比较古雅的词语,如"ablution"(沐浴,第二卷第 70 颂)、"issue"(子嗣,第九卷第 182 颂)、"beget"(为……之父,如第九卷第 191 颂)、"chastise"(惩戒,第十一卷第 31 颂),等等。在琼斯的时代,日常生活里,第二人称已经通用"you",但是在《摩奴法典》的译文中,琼斯还采用"thou""thy""thee"的文言用法。举一个完整的颂为例:

> 205.He,who says hush or pish to a brahmen, or thou to a superior, must immediately bathe, eat nothing for the rest of the day, and appease him by clasping his feet with respectful salutation.(Jones 1807: Vol.Ⅺ,205)
>
> 某人对婆罗门说了"别说话"或"呸",对长者说了"尔"(你),他必得立刻沐浴,并于当日全天斋戒,且必得充满敬意地对长者行模脚礼,以使其得到抚慰。

这一颂里除用了"thou"(尔,你)外,还用了罕见的书面用词"hush"(安静;勿言语,命令口气),还用了更罕用的古词"pish"(呸,轻蔑口气)。由此可见,琼斯在《摩奴法典》译文里的遣词用语体现了鲜明的古典色彩,与这一远古流传下来的经典颇为吻合。

另外,译文斜体字部分也不都是鸠鲁伽的注释文字,如第一卷第 31 颂的"the *Brahmem*""the *Cshatriya*"等,这种情况一般是表示专名或重点词语,这也是琼斯在体例上的创新。

四、版本差异举隅

笔者发现,各本《摩奴法典》的内容虽总体大同小异,但相异之处确实也不少。琼斯译本的内容与迭朗善和比勒尔的译本都有些差异，与国内蒋忠新的译本也不尽一致，这里所说的“差异”主要不是译者个人语言风格导致的，而是版本不同、内容各异造成的。下面我们简要对比一下琼斯译本和两个现有的中译本，即迭朗善、马香雪和蒋忠新译本，看看其内容和编排上的某些不同之处。

(一)各卷标题的差异

从三个译本各卷(章)的标题看，琼斯译本与现有两个中译本颇有些不同。迭朗善、马香雪(1982)各卷的标题如下：

第一卷　创造
第二卷　静法　梵志期
第三卷　婚姻　家长的义务
第四卷　生计　戒律
第五卷　斋戒和静法的规定　妇女义务
第六卷　林栖和苦行的义务
第七卷　国王和武士种姓的行为
第八卷　法官的任务　民法与刑法
第九卷　民法与刑法　商人种姓和奴隶种姓的义务
第十卷　杂种种姓 处困境时
第十一卷　苦行与赎罪
第十二卷　轮回　最后解脱

比较这个目录与上文所列琼斯译本各卷题目，很容易看出两个本子在各卷标题上还是有明显的差异。其中第二卷、第六卷的相差较大，第三卷、第七卷、第八卷、第九卷也有一定的差异。

至于蒋忠新译本，前边的总目录只标明“第×章”，各章无具体标题内容。书末有一个附录“《摩奴法论》原书目录”(第 254—267 页)，此“目录”里每章都有一个标题。但是据译者注，该译本所依据的梵文原本实际无正式章节标题，是作者根据原文的相关内容及译者注编制的。这一“目录”的具体内容与琼斯译本的也有一些差异。例如：

第二章 法的定义和本源　再生人的圣礼和宗教义务　梵行期的法

第五章 家居期的法（三）

第七章 国王的法（一）

这几个题目的表述不但与琼斯译本的表述有较大出入，而且与蒋忠新译本的表述也颇有所不同。

（二）各译本颂（偈）的总数目差异

三个译本的颂（偈）总数目略有差异。具体情况如表 1 所列。

表 1 《摩奴法典》三个译本里颂（偈）的数量对照 单位：颂

卷次	颂（偈）的数量		
	琼斯译本	迭朗善译本	蒋忠新译本
第一卷	119	119	119
第二卷	249	249	249
第三卷	286	286	286
第四卷	260	260	260
第五卷	169	169	167
第六卷	97	97	97
第七卷	226	226	226
第八卷	420	420	420
第九卷	336	336	336
第十卷	131	131	131
第十一卷	266	265	265
第十二卷	126	126	126
总颂数	2685	2684	2682

表1显示，有差异的是第五卷和第十一卷。其中，第五卷琼斯译本和迭朗善译本都有169颂，而蒋忠新译本是167颂；第十一卷琼斯译本是266颂，两个中译本各少一颂，都是265颂。因此，三个译本的总颂数都不一致：琼斯译本一共有2685颂，迭朗善译本是2684颂，蒋忠新译本是2682颂。

关于颂数的不同说法，是有版本上的缘由的。琼斯的译本至少让我们看到了此书另外一个版本的颂（偈）数目和分布的具体情况，由于琼斯的译本在早，而且直接译自梵文本，共2685颂的版本也是值得重视的一个本子。

（三）正文（颂文）具体内容的区别

三个译本正文的具体内容也有些差异，而且这方面的不同之处更多。仅举几例如下。

（1）第一卷第1颂，琼斯译本的表述是：

> Menu sat reclined, with his attention fixed on one object, *the supreme God*; *when* the divine Sages approached him, and, after mutual salutation in due form, delivered the following address. (Jones 1807: Vol. Ⅶ, 91)
>
> 摩奴静坐，心注一处，即至高天神；众大仙走近他，双方谨施礼后，对他如是说。

迭朗善译本的表述是"摩奴静坐凝思，众大仙走近前来，对他敬谨施礼后，声言"[①]。蒋忠新译本的表述是"正当摩奴坐着、心注一处，众大仙前去依礼朝拜，然后对他说了这样一番话"[②]。琼斯译本与后两个译本有一个明显的不同：迭朗善译本和蒋忠新译本只说摩奴静坐凝思或心注一处，但没说出凝思于什么或心注一处的"一处"具体指什么，而琼斯译

① 迭朗善译、马香雪转译：《摩奴法典》，商务印书馆1982年版，第6页。
② 蒋忠新译：《摩奴法论》，中国社会科学出版社2007年版，第3页。

本用同位语的形式道出了所凝思的或“心注”之“一处”乃是至高天神。另外，后半句也有一处实质的不同：迭朗善译本和蒋忠新译本只说众大仙向摩奴施礼（觐见），而琼斯译本说了双方（以适合自己身份的形式）施礼。这两种不同的施礼情况记述可以反映不同的人物关系和礼仪规矩。至于其他具体表述上的差异，应该只是译者的遣词用语不同，实质内容并无二致。

（2）第一卷第31颂，迭朗善译本[①]和蒋忠新译本[②]都没有括号里的“由‘神典、护卫财富和劳作’而得名”的内容，即缺少对各种姓来源的补充说明。比较而言，琼斯译本对印度人四个种姓由来的不同原因有更深的揭示。

（3）第五卷第148颂，琼斯译本的内容是：

> In childhood must a female be dependent on her father; in youth, on her husband; her lord being dead, on her sons; *if she have no sons, on the near kinsmen of her husband; if be left no kinsmen, on those of her father; if she have no paternal kinsmen, on the sovereign*: a woman must never seek independence.(Jones 1807: Vol. Ⅶ, 269)
>
> 女人童年时必须依赖其父；青年时必须依赖其夫；其当家人去世后，必须依赖其子；*如果没有儿子，则必须依赖丈夫的男性近亲；如果丈夫一方无在世的男性亲属，则必须依赖父亲的男性亲属；如果没有父亲一方的男性亲属*，那她就必须依赖君王。女人永远不可寻求自立。

迭朗善译本的表述是“妇女少年时应该从父；青年时从夫，夫死从子；无

① 迭朗善译、马香雪转译：《摩奴法典》，商务印书馆1982年版，第10页。
② 蒋忠新译：《摩奴法论》，中国社会科学出版社2007年版，第6页。

子从丈夫的亲近族；没有这些近亲族，从国王"[①]。蒋忠新译本的表述是"女子必须幼年从父、成年从夫、夫死从子；女子不得享有自主地位"[②]。根据琼斯翻译的这一颂，古代印度妇女居然有六个"依赖"即"六从"的规矩，迭朗善译本是"五从"[③]，而蒋忠新译本是"三从"[④]。当然，《摩奴法典》后"三从"的内容用了斜体字，表示并非原本所有，而是鸠鲁伽整理时认为本来该有的内容。迭朗善译本后二从的文字在下方加了圆点，即表示后"二从"在此本中也是原校注者增加的文字。这样看来，最初的时候，确实可能没有这后"三从"。这一颂还有一点值得注意：蒋译本该颂的内容是在第 146 颂，这与琼斯译本和迭朗善译本也不同。

(4)第 5 卷第 21 颂，琼斯译本表述为：

> One of those harsh penances, called *prájápatya*, the twice-born man must perform annually, to purify him from the unknown taint of illicit food; but he must do particular penance for such food intentionally eaten.(Jones 1807: Vol. Ⅶ, 248)
>
> 再生族必须每年进行一次叫做普罗遮帕底亚的赎罪苦行，以清除自身无意吃了禁食所产生的罪污；但若是故意食用此类食物，则必须进行特别的苦行。

迭朗善译本的表述是"再生族应该每年进行一次叫作普罗遮帕底亚的苦行，以便清除自己无意中吃禁食所感染的罪污；但明知故犯，应该进行在此情况下特定的苦行"[⑤]。蒋忠新译本的表述是"婆罗门必须每年修一次难赎罪苦行，以赎无意的吃；故意的，则修特殊的"[⑥]。比较而言，迭朗善译本与琼斯译本的表述基本一致，但蒋忠新译本有所不同。一

① 迭朗善译、马香雪转译：《摩奴法典》，商务印书馆 1982 年版，第 122 页。
② 蒋忠新译：《摩奴法论》，中国社会科学出版社 2007 年版，第 106 页。
③ 迭朗善译、马香雪转译：《摩奴法典》，商务印书馆 1982 年版，第 122 页。
④ 蒋忠新译：《摩奴法论》，中国社会科学出版社 2007 年版，第 106 页。
⑤ 迭朗善译、马香雪转译：《摩奴法典》，商务印书馆 1982 年版，第 109 页。
⑥ 蒋忠新译：《摩奴法论》，中国社会科学出版社 2007 年版，第 95 页。

是“再生族”替换为“婆罗门”，范围缩小了不少；二是“以赎无意的吃”说得不具体，“无意的吃”太笼统，而因“无意吃了禁食”，产生了“罪污”，则具体多了，且更具理据性。——毕竟，“无意的吃”不见得就一定是吃了被禁食物而染有罪污，因此就要赎罪（苦行），似难以成立；而吃了禁食后身体沾染了罪污，尽管是无意食用所致，但毕竟体内已有罪污，因而需要赎罪苦行，这就好理解多了。

此外，上文介绍的第九卷第182、183颂琼斯译本的内容与迭朗善译本大体一致，琼斯用斜体显示的部分在迭朗善译本里保留了，字的下方加了圆点；但在蒋忠新译本里没有与琼斯斜体字对应的内容。[①]

类似的内容方面的差异还有不少。总的说来，在各颂具体内容的差异方面，琼斯译本与迭朗善译本（汉语转译本）较为接近，而与蒋忠新译本的不同处较多，这是因为前者也保留了原梵文中的校注内容，而后者没有出现这部分内容。进一步对各卷各颂进行仔细的比对研究，应该会有更多有意思、有价值的发现。

结　语

在人类学术史上尤其是普通语言学史上，威廉·琼斯是一个不可绕过去的重要人物，相当长一段时期以来，他被学界誉为历史比较语言学的先驱。尽管对这一评价也有不同看法，但是无论如何，其在翻译方面的巨大贡献无法否认，在人类翻译史上的崇高地位无法撼动。对琼斯发掘（含译介）古印度经典的贡献，学界已有高度评价。作为《摩奴法典》实际上的第一个外译本，琼斯的译本具有多方面的重大价值。最主要的就在于其保留了早期版本，其间的一些内容不见于所有他本，具有很高的历史文化价值，也具有校勘学价值。在陈满华的相关研究基础

① 蒋忠新译：《摩奴法论》，中国社会科学出版社2007年版，第192页。

上，本文进一步考察了琼斯英译本的一些情况，也将这个译本与现有的两个中译本做了初步对比，发现了一些差异，其中有的具有重要意义。当然，我们的工作还是初步的。在我国学术界，《摩奴法典》琼斯译本可以说基本上还是一块未开发的沃土，无疑值得做更深入的研究。除了对该译本本身进行探讨，如果还能更详细、全面地对比此本与其他诸本，那将是一件很有意义的工作。

审美缝合与文化重塑：传播美学的国际传播价值探析

于　洋*

【摘要】 世界百年未有之大变局为我国国际传播带来机遇和挑战，加强国际传播能力建设尤为迫切。基于美学与传播学系统整合的传播美学为国际传播破局提供了新启示。对传播美学理念、学术传统及其价值审视等角度的探讨，有助于揭示传播美学理念在国际传播中的多维理论价值与现实意义。从这一学理视角进行深入探讨，旨在拓展美学与传播学领域的理论边界，丰富相关学科的理论谱系，为多学科的交叉融合提供更为广阔的研究视野与实践路径，进而为国际传播实践层面的策略优化与效能提升提供切实可行的参考依据。

【关键词】 国际传播；传播美学；跨文化传播；文化认同；审美价值

引　言

全球化以一种既开启传播学新方向又倒逼重新思考现有方向的方式挑战着传播学者对文化和传播的理解。①在全球化的浪潮中，国际交流的频率与紧密度达到前所未有的水平。尽管地理和时间的藩篱已被逐步打破，文化差异和交流障碍依然是亟待解决的挑战。在此背景下，

* 作者简介：于洋，山东大学国际教育学院研究员。

① Shome, R. and Hegde, R., "Culture, Communication, and the Challenge of Globalization," *Critical Studies in Media Communication*, Vol.19, No.2(2002), pp.172-189.

美学所具有的普遍性特征和意义成为消弭差异与障碍的桥梁。通过审美体验和美学符号的传播，传播美学不仅提供了一种超越语言和文字的交流方式，而且为不同文化之间的相互理解开辟了新路径。因此，探讨传播美学在国际传播中的作用和价值，对于推动全球文化交流和增进世界各地人民之间的相互理解具有重要理论和实践意义。

一、传播美学及其国际传播表征的学术传统

传播美学“以人为中心的社会信息传播中人与现实的审美关系”为研究旨趣，[①]以审美体验和美学符号的传播为实践表征，有助于增强传播的人文关怀，促进跨文化对话与共情，使不同文化之间的相互理解成为可能。

（一）传播美学的理念

作为哲学的一个分支，美学综合了感知理论、感官体验以及价值和品位辨识等多重维度，在审美体验中，多层次的互动与意义解读同时发生。[②]传播美学的研究强调，审美体验在传播活动中扮演着至关重要的角色，这种体验能够跨越文化和语言的边界，为全球受众提供共通的感受基础。通过文化产品尤其是富含审美价值的艺术作品等地传播，审美体验成为连接不同文化的桥梁，从而增强了传播活动的人文关怀和情感共鸣。因此，传播美学的学术传统注重探索如何通过审美体验和美学符号的传播来深化人际交流和文化理解。此外，传播美学还关注个体的审美体验如何在跨文化、跨群体与跨国界的传播中发挥作用，以及这些体验如何促进不同文化之间的互动和共情。这种研究视角不仅丰富了传播学的理论内涵，也为国际传播实践提

① 姚鹤鸣：《传播美学导论》，北京广播学院出版社 2001 年版，第 13 页。

② Mooney, S., “Aesthetics Theory: Aesthetic Experience as a Communicative Tool in the 21st Century,” in S. Josephson, J. Kelly and K. Smith eds., *Handbook of Visual Communication (2nd edition)*, New York and London: Routledge, 2020, pp.89-108.

供了新的方法论支撑。

在传播美学研究看来，传播不仅是信息传递的过程，更是实现美的展示和分享的过程。传播者在这一过程中须积极营造出一个美的环境，传达积极向上的美学信息，进而引导公众形成正面的审美评价。有效的传播不仅仅是信息的传递，更是对受众心灵和情感的深刻触动。传播美学的学术探索并非局限于象牙塔之中，而是积极与国际传播的现实需求相结合。它深刻洞察美学理论，并将其与国际传播的策略和实践紧密联系，构建了一种独特的学术视角，涉及国际传播的目标、特征、内容和效果等多维议题。因此，传播美学既是理论探索的产物，也是实践艺术，此种融合为理解和塑造全球信息流动提供了重要的理论基础和实践参考。

（二）跨学科视点

传播美学的跨学科性质为其在学术研究和实践应用中提供了丰富的养料和广阔的潜力，其跨学科潜力正逐渐被学术界所重视。[①]在全球化背景下，传播美学研究不仅拓宽了传统美学的边界，也为构建一个更具包容性和互动性的国际传播新范式提供了可能。

1.传播美学的哲学基础与学术拓展

德国哲学家鲍姆嘉通在1735年发表的《诗的哲学默想录》中首次阐述了“感性学”（aesthetics）这一概念，定义其为研究感性知觉的科学。[②]通过对诗歌的分析，鲍姆嘉通探讨了诗意之美的表征与内涵，并首次将美感认定为一种独立的认知范畴，强调其与理性认知的相辅相成关系。[③]在其哲学体系中，美被理解为建立在感性认识基础上的完善性

① 姜飞：《美的传播与传播美学——在“三个一百年”意识下讲好中国故事》，《中国记者》2021年第7期；冯宪光、姜飞、李心峰等：《传播美学：传播学的专业探索与学科延伸》，《编辑之友》2022年第7期。

② ［德］鲍姆嘉通：《美学》，简明、王旭晓译，文化艺术出版社1987年版，第169页。

③ 金雯：《18世纪西方启蒙思想中的道德情感与审美情感》，《国际比较文学》（中英文）2021年第4期。

与和谐性。[①]这一理念为康德的美学框架奠定了重要的理论基础，为美学的独立学科地位提供了重要理论源泉。[②]

传播与美学的并置由美国学者保罗·坎贝尔于1971年在其论文《传播美学》(*Communication Aesthetics*)中完成。坎贝尔的理论基石包括四个相互关联的概念：首先，人类传播在某一层面上转变为一种戏剧性的审美行为，此类传播需要运用语言，且语言过程本质上是一种审美行为；其次，传播是一个完全主动的过程；再次，语言作为传播的媒介是人类的决定性特征；最后，在语言行为中，人实现了自我、符号与环境的融合，这一过程适宜以辩证而非分析的方式进行研究。[③]

2.社会学视点

传播美学研究往往着眼于传播过程中的形式特征和受众体验，而社会学视角则提供了深入分析传播现象的工具，帮助理解美学与社会背景之间的复杂关系。社会学框架强调了文化、权力与社会结构如何相互作用，从而影响传播内容的审美特征及其接收方式，形成传播美学的一个重要支撑。

布迪厄的文化资本概念(cultural capital)指出，个体的文化品位和审美偏好是其社会地位的反映，这些偏好在社会互动中被不断传递和强化，最终形成特定的社会审美标准。[④]个体的社会背景、教育程度和生活经验等因素构成了其文化资本，这直接影响他们对传播内容的美学认知和偏好。这种差异不仅影响个体的美学选择，也反映了社会阶层之间的文化鸿沟。传播美学的社会学视角进一步探讨了社会因素如何

① 陈海静：《从完善性理论到认识能力游戏说——重析鲍姆嘉通美学与康德美学之间的学术联系》，《美育学刊》2020年第11期。

② 陈海静：《从完善性理论到认识能力游戏说——重析鲍姆嘉通美学与康德美学之间的学术联系》，《美育学刊》2020年第11期；[德]康德：《判断力批判》，邓晓芒译，人民出版社2017版，第9—10页。

③ Campbell, P. N., "Communication Aesthetics," *Communication Quarterly*, Vol.19, No.3 (1971), pp.7-18.

④ Bourdieu, P., "The Forms of Capital," in M. Granovetter and R. Swedberg eds., *The Sociology of Economic Life*, New York and London: Routledge, 2011, pp.78-92.

塑造审美体验和传播实践。这一视角强调，审美不仅仅是个体的主观感受，还是在社会互动和文化背景中形成和发展的结果。通过分析社会结构、群体动态和文化规范，社会学提供了理解审美判断与传播行为的有效框架。

在全球化日益加深的当今社会，文化交融与碰撞的现象愈发显著。在此背景下，从社会学视角审视传播美学，其理论的多样性和复杂性为学者们提供了一个比较和分析不同文化背景下审美标准的平台，有助于揭示全球化对地方文化的影响以及在多元文化语境中理解美与传播的复杂性。社会学视角的引入，不仅帮助加深对审美判断形成机制的理解，也深化了对传播行为背后动因的认识；既丰富了传播美学的理论框架，也为实践中的传播策略设计提供了宝贵参考。

3.媒介研究视点

加拿大传播学家麦克卢汉提出“媒介即讯息”的著名观点[①]，强调了媒介本身的特性如何深刻影响信息的传播方式及受众的感知体验。在这一视角下，不同媒介形式对内容传递的影响是显著而多维的。以视觉媒体为例，电视和电影中的美学选择，如色彩设计、镜头运用和剪辑风格等，直接影响观众的情感反应和对故事的理解，同时，电影中的时间和空间叙事通过特定的美学手段塑造观众的情感体验，引导观众的情感走向，深化其对故事的共鸣。

在数字时代，网络媒体成为重要的传播平台，其美学特征，如用户界面设计、内容呈现方式等，均可能影响受众的互动模式和信息选择行为。[②]社交媒体的可视化特征能够强化信息的即时性和互动性，其视觉美学不仅吸引用户参与，还在一定程度上塑造了信息的传播方式，为信息的扩散开辟了新渠道，这一过程使得美学介入在传播过程中愈发重

① McLuhan, M., *Understanding Media: The Extensions of Man*, Berkeley: Gingko Press, 1964.

② Bruns, A., *Gatewatching: Collaborative Online News Production*, New York: Peter Lang, 2005.

要，为理解现代社会中的信息传播提供了新的视野。

二、传播美学缘何有国际传播价值

传播美学作为一种原创性思想，展现出广泛的国际传播价值。这一理论根植于中国现实语境，融合了本土叙事与全球视野，为国际传播提供了新的可能性与破局路径。

（一）本土叙事的全球传播

传播美学的本土性体现在对中国传统文化的尊重和传承上。中国拥有悠久的历史和深厚的文化底蕴，为美的国际传播提供了丰富的素材。在强调本土叙事的过程中，传播美学理念以更具全球吸引力的方式呈现地方文化特色，促进其在当代传播中的创新和传承。此种融合不仅关注中国的美学体系、艺术表达形式和审美观念，也使其融入传播实践，从而展现了中国特色和本土文化的独特魅力。

本土叙事作为传播美学与国际传播的重要组成部分，能够通过真实而富有情感的故事传递文化价值与社会观念，增强文化认同感。优秀的本土叙事不仅能引发国人的共鸣，也能够使国际社会更好地理解和接受中国文化。在全球化进程中，这种文化认同感尤为重要，它为不同文化背景的人们搭建了理解与沟通的桥梁。例如，许多现代影视作品和文艺创作借助传统神话和民间故事等元素，创造出既符合现代审美又富有传统韵味的作品。这一方式不仅吸引了国内观众，也激发了国际社会对中国文化的兴趣。传播美学在此文化创新中发挥了桥梁作用，助力传统文化在全球范围内传播。

（二）全球视野下的本土创新

与此同时，全球性视野为本土文化的创新提供了新的灵感与思路。在全球文化的碰撞与交融中，本土文化可以汲取外来文化的精髓，实现再创作。这种创新不仅增强了文化的活力，也使其在国际传播中更具竞争力。随着全球化的深入，持续探索本土性与全球性的辩证关系，将为未来的国际传播提供更多的可能性。

传播美学强调文化互鉴与共享，其全球性意味着重要的国际传播价值。传播美学的理念与观点具有普遍性和可适应性，能够超越地域和国界，通过放大普通人的美感为群体生活方式的美学，我们可以重构国际受众的感知与认知，将零散的、碎片化的、甚至被无限放大的局部美，集成为系统的、整体的、日用而不知、不觉的美——心意相通、普遍传达、审美共通感的'生活方式美学'，从而展现立体、真实、全面的中国。这种强烈的文化认同感在国际传播中能够提升受众对文化内容的接受度，进而促进文化的传播与交流。

此类国际传播实践对其他国家和地区的传播实践产生启示和影响，从而增进国际社会的互信与合作。在当前全球化背景下，跨文化交流与理解的需求日益增长，传播美学提供了一种倡导和促进不同文化间相互理解与交流的新路径，有助于构建更加开放、包容和多元的国际传播格局，有效提升中国文化软实力。

传播美学的国际传播价值需要在实践中不断探索和明确。这一价值既体现在以中国为主体的国际传播中，通过传播美学的应用推动中国文化的传播与国际影响力的提升，同时也体现在对其他国家的作用和价值上。在国际传播的广阔舞台上，传播美学的理念发挥着桥梁与纽带的作用，促进国家间的相互学习与合作，提升文化互通与交流的水平，从而加深世界各地人民对彼此的了解与认同。

三、传播美学国际传播价值的多维审视

传播美学的学术探索并非一个封闭的、与现实脱节的过程，而是与国际传播的现实需求紧密相连的动态互动。这一理念将美学的深邃洞察力与国际传播的战略和实践相结合，构建了一种独特的学术视角，涉及国际传播的目标、特征、内容和成效等多个维度。传播美学研究不仅拓宽了理论视野，而且作为一种实践艺术，在国际传播领域扮演着重要角色。这种跨学科的结合为理解当代国际传播现象开辟了新的思路，激发我们思考传播行为中的美学维度及其对文化传播效果的深远影响。

（一）国际传播诉求维度

在国际传播研究中，传播诉求被视为一个核心维度，它不仅关系信息的传递效率，还涉及价值共识的形成。国际传播的主要目标在于实现全球范围内的信息共享与价值共识，需借助人类共通的语言，寻求与人类共通体验相契合的诉求。[①]在这一过程中，传播内容的审美特质与美学精神因其跨越文化和语言障碍的独特性，发挥着至关重要的作用。艺术作品所蕴含的美感与情感内涵能够通过不同的传播渠道有效触及国际受众，引发深层次的共鸣，进而促使人们对美的认知与感悟。

近年来，已有作品以其独特的视角和深厚的情感共鸣，汲取了平凡人物与生活故事，成功为国际传播提供了新的范例。这不仅体现了传播内容和方式的创新转型，更是中国形象走向世界的重要尝试。纪录片《再说长江》便是其中一个典型案例。该作品虽然秉持宏大的叙事主题，但其关注的焦点已经从长江所象征的文本意象转向了长江流域近

① 胡智锋、刘俊：《主体·诉求·渠道·类型：四重维度论如何提高中国传媒的国际传播力》，《新闻与传播研究》2013年第4期。

二十年来的变迁以及沿岸居民的生活状态。纪录片通过将具体个体视为国家构成的基石，生动展现了长江的生命力、民族凝聚力以及国家繁荣发展的历程。[①]

该纪录片不仅为主旋律电视纪录片树立了新的叙事策略，也反映了国际传播叙事诉求的转变，从传统单向性的宣传模式逐渐向更加注重个体经验、情感共鸣和双向交流的多元化传播模式发展，这种转变不仅符合当代受众的需求与审美趣味，也显著提升了中国文化在国际舞台上的竞争力和影响力。在跨文化传播与国际传播的过程中，观众更容易对包含人文关怀与情感深度的内容产生共鸣，从而建立起文化认同感。在美学特质的引导下，未来的国际传播可以继续探索更具人文关怀的传播方式，为构建全球共识作出积极贡献。

（二）国际传播特征维度

国际传播的特征使其具备跨文化和跨地域的特点，从而为审美价值的传播与交流创造了条件。各民族、地域的作者在其文化传统的影响下，形成了独特的观察世界的方式。这种语境下，跨文化审美的核心在于，欣赏者并不需要对异质文化的价值观进行全面认同，而是在理解的基础上保持一种审慎的态度，这种理解与非认同的动态关系构成了跨文化审美欣赏的一种常态。[②]

跨文化审美欣赏的四个维度：艺术作品的文化—作家世界观、文化—审美偏爱、形式的内容和符号价值——提供了克服文化障碍、理解和把握他者文化艺术作品审美内涵的工具。[③]这些维度表明，审美不是封闭的、单一的，而是呈现出开放性、多元性的新态势。这种新态势下，传播美学与国际传播研究不仅丰富了人类文明的内涵，更为跨文化审美共同体的构建提供了强有力的支撑。

① 徐蕾、常晓洲、王召：《传播美学视域下我国主旋律电视纪录片发展探析——以〈话说长江〉〈再说长江〉〈辉煌中国〉为例》，《新闻爱好者》2020 年第 4 期。
② 李庆本：《跨文化审美欣赏的四个维度》，《文艺理论研究》2012 年第 1 期。
③ 李庆本：《跨文化审美欣赏的四个维度》，《文艺理论研究》2012 年第 1 期。

此外，跨文化交流中的审美体验，不仅限于接受与吸收，更涉及对其他文化审美价值的批判性思考。在这一过程中，个体能够以更开放的心态去理解与审视不同文化的审美形式与内容，形成更为全面的文化认知。这种交流与理解，有助于消除文化间的隔阂与误解，促成更加和谐、多元和包容的全球文化景观。

(三)国际传播内容维度

从国际传播的内容来看，卓越的传播作品通常具备较高的审美价值，其内容能够与时代背景下受众的审美心理结构实现深度契合。[①]优秀的传播内容能够触动人心，使受众在情感上产生共鸣，进而体验到深层的审美愉悦。这种愉悦不仅源于作品本身的美学特质，更是受众在审美过程中实现自我认同、价值观念共鸣以及情感释放的重要表征。这些优秀作品不仅在形式上展现了对称之美、平衡之态，在节奏上呈现和谐之韵，而且在内容层面，它们往往深植于普世的审美原则之中，进而使传播过程本身转化为一种丰富的审美体验。

在国际传播语境下，情感共鸣和审美体验构成了连接传播与美的重要桥梁，这样的情感连接不仅增强了作品的传播效果，也为跨文化交流提供了新的范式。因此，国际传播不仅限于信息的传递，更是文化价值的交流与共鸣，是一种跨越时空的审美实践。这种实践不仅要求传播内容具有深刻的文化内涵和情感深度，而且要求传播者能够精准把握受众的审美期待与情感需求。

(四)国际传播效果维度

从国际传播的结果来看，传播使美得以被更广泛地分享，实现美的体验和认知的扩展，受众得以接触到不同文化背景下的美学表现，从而丰富了审美视野和文化理解。这一过程涉及信息传递的逻辑结构构建、情感表达、视觉设计、声音协调等多个维度，要求传播者以匠心独运

① 曾耀农、曹洪亮:《古代戏剧的传播美学与现代传播艺术》,《重庆社会科学》2009 年第 1 期。

的审美视角，兼顾内容与形式的双重美感，以期达到最佳的传播效果。语言的力量、图像的直观性与声音的感染力相互交织，共同构成了一幅绚丽多彩的审美画卷。

在信息的接受端，受众不仅仅是信息和知识的被动接收者，而是在解码信息时，结合自身独特的审美趣味和生活经验，产生出丰富多样的审美体验。这种体验既是对美的再认识，也反映了国际传播活动成功与否的深刻内涵。在多元文化的土壤中，受众通过自己的视角理解和诠释美，使美的价值与力量绽放出更加丰富的色彩。

进一步来说，传播活动的影响力不仅局限于信息的传递，而是具有强烈的互动性和社会性。[①]这一过程中的信息组织、表达和接收的每一个环节，都渗透着审美的影响。国际传播使得美的体验不再局限于特定的地理或文化区域，而是成为一种全球性的共享资源，这种共享为全球观众提供了更广阔的审美体验和认知的场域。通过国际传播，美得以跨越语言和文化的藩篱，实现在更广阔范围内的共鸣和认同，推动全球文化多样性的发展和审美共识的形成。

结　语

随着数字技术的不断演进，国际传播的形态与受众接收机制正经历深刻的变革。传播美学的引入为这一转型提供了新的分析框架，彰显了其在应对信息同质化与文化碎片化等现代传播挑战中的独特价值。传播美学强调审美诉求在信息传播过程中的重要性，这一视角不仅丰富了信息的内涵，而且深化了信息传递的情感层次与文化厚度，为促进文明交流互鉴和塑造积极的国家形象提供了新思路。

尽管传播美学在国际传播中展现出显著的价值与潜力，其发展依

① 唐云锋、孙萍萍：《圈层化连接、虚拟公共场域与微信舆情治理》，《学术界》2021 年第 2 期。

然面临诸多挑战与限制。在商业利益驱动下，短期效益与流行趋势的追求往往导致传媒内容的同质化与浅化，阻碍深度文化交流的实现。此外，文化差异及身份认同的多样性，进一步为传播美学的有效应用增添了复杂性与挑战。为此，本研究期待重新审视和探析美学与国际传播在全球化时代的关键作用，力求为教育和传媒行业提供创新的思路与方法，并为多学科交叉融合的研究视野与实践路径拓展新的维度。

国别研究

区域国别视野下汉语同素单双音节名词“路—道路”习得研究*

应学凤　焦一茗**

【摘要】 单双音节近义名词在语法功能、语义特征、语体色彩与音节搭配等多方面存在差异。本文通过问卷调查的方法，考察了赤道几内亚国立大学孔子学院以西班牙语为母语的学生的习得情况。研究发现，在习得“路—道路”时，西班牙母语者在语法、语义、语体、音节的搭配方面都存在一定的偏误，尤其是语体和韵律的偏误较多。随着国际中文教育的深入发展，我们应该重视区域国别视角下的国际中文教育研究。

【关键词】 印欧语系母语者；单双音节名词；“路—道路”；习得；区域国别

引　言

在汉语中，有很多词具有单音节和双音节两种形式，两者的语义接近，但在语法、韵律、语体上有差异。例如：

(1)忘—忘记　懂—懂得　想—想念　到—到达　量—测量

(2)路—道路　歌—歌曲　错—错误　校—学校　国—国家

(3)准—准确　富—富有　静—安静　美—美丽　累—劳累

* 本文系教育部语言交流合作中心2023年国际中文教育研究一般课题“印欧语母语者汉语同素单双音节近义词习得研究”(项目编号:23YH0C)的阶段性成果。

** 作者简介:应学凤，上海师范大学人文学院教授，博士生导师；焦一茗，上海师范大学对外汉语学院硕士研究生。

(4)曾—曾经　常—常常　刚—刚刚　足—足足　总—总是

(5)等—等等　且—并且　或—或者　而—而且　据—根据

动词、名词、形容词、副词、助词、连词、介词等诸多词类都存在单双音节的弹性词，单双音节语义近似，但有或大或小的差异。名词如果存在单双音节弹性词的话，一般来说，双音节偏书面语，单音节偏口语。① 当然，影响语体差异的不只是单双音节，词语的典雅与否也会影响它的正式度。

像这样含有相同语素、意义相近、形式不一样的名词，我们称为同素单双音节近义名词。在国际中文教学中，这类词出现的频率很高，且学生习得这类单双音节词时错误率高，能否熟练使用这类词是学生汉语水平高低的重要标志之一。例如：

(6)＊ 各个国应当互相帮助。(国家)

(7)＊ 你在哪个校读书？(学校)

(8)＊ 中国工程技术人员披荆斩棘，砍草伐木，劈石修路，伐木架桥，共同开辟前进路。(道路)

例(6)单音节的“国”具有一定的黏着性，需要搭配单音节的词，例如“各国”“我国”，此处需要用独立性更强的“国家”。例(7)的“校”也是如此。现代汉语中，除了少数常用的单音节名词，如“山”“水”“鸡”“鸭”“牛”等，大部分单音节名词都不够自由。不够自由的单音节名词往往需要跟其他单音节形式搭配。例(8)的“路”虽然可以单说，但多用于口语中，在正式语体中，多用双音节的“道路”，特别在单双音节搭配中，“道路”多跟双音节的形式搭配构成“2＋2”式的结构。表 1 是一组 BCC 语料库中不同语体子库的数据。

① 应学凤：《现代汉语黏合结构的正式语体特征》，《汉语学习》2016 年第 5 期。

表 1 “路—道路”在 BCC 语料库不同语体库中的数据

	“路”	“道路”
报刊子库	547484	225304
对话子库	183529	4231

在报刊子库中,“道路”的语料条数占“路”的 41.15%,在对话子库中,“道路”的语料条数占“路”的 2.31%。由此可见,在口语性的对话子库中,使用“道路”的频次远低于在报刊子库中使用的频次。

同素单双音节名词的习得是汉语学习的难点,而目前现有的文章侧重于单双音节名词的本体研究,缺少对同素单双音节名词教学研究,尤其是区分汉语学习者国别的研究。故本文通过对“路—道路”这一组单双音节名词细致的分析,通过问卷调查的方法,基于西班牙语母语者的习得偏误数据,为汉语同素单双音节名词习得偏误分析提供一个研究的样本,为后续相关研究提供一个参考。

一、汉语同素单双音节名词及其习得偏误研究评述

(一)汉语同素单双音节近义名词

古汉语是单音节词的语言,随着语音的简化、语言系统的调整,现代汉语逐渐过渡到以双音节词为主的语言。现代汉语双音节化过程往往通过词根加词缀构成,因而汉语的单双音节词之间往往具有相同的词根。虽然现代汉语里以双音节词为主,但原有的单音节词没有完全退出,很多单双音节词的语义语用上产生了分工,两者在现代汉语中实现了共存,因而现代汉语有大量的这种单双音节词。郭绍虞称之为弹性词。①

① 郭绍虞:《中国语词之弹性作用》,《燕京学报》1938 年第 24 期。

谢红华从不同角度出发，对单双音节名词的组词、语法、语用三方面进行了考察分析，总结了单双音节同义名词的不同语法功能。① 陈海燕从单双音节名词的异同点出发，总结了单双音节名词形成不同点的原因所在。② 蔡露揭示了单双音节近义名词的演变原因。③

（二）汉语同素单双音节近义名词习得研究

罗艺潇提出了关于同素单双音节近义名词的教学策略④，呼建仁以英语为母语的汉语学习者为调查对象，探讨了留学生对同素单双音节近义名词的学习情况，认为对于英语母语者来说，同素单双音节近义名词掌握难度较大⑤。林凌飞以英语为母语的汉语学习者为调查对象，使用问卷收集了汉语学习者对同素单双音方位名词的学习情况，提出了相应的教学建议。⑥ 蒲嘉欣考察了越南学生单双音节名词的习得偏误情况，不过她主要分析了两者的语法、语义差异，对韵律和语体的偏误分析不够。⑦

综上所述，当下关于汉语同素单双音节名词习得偏误研究的成果还不够多，特别是基于区域国别视角的习得研究相对薄弱。

二、汉语同素单双音节名词“路—道路”的语法、语义、语体与韵律差异

本文以单双音节近义名词为考察对象。选词范围为同素单双音节近义名词，即近义且含有同一语素的单音节名词与双音节名词，应同时

① 谢红华：《单双音节同义方位词补说》，《语言教学与研究》2001 年第 2 期。
② 陈海燕：《含相同语素的单双音节同义名词研究》，四川大学硕士学位论文，2007 年。
③ 蔡露：《含同一语素的同义单双音节名词研究》，陕西师范大学硕士学位论文，2008 年。
④ 罗艺潇：《〈汉语水平词汇与汉字等级大纲〉同素双音名词研究》，四川外语学院硕士学位论文，2011 年。
⑤ 呼建仁：《同素同义单双音名词的对外教学研究》，内蒙古师范大学硕士学位论文，2013 年。
⑥ 林凌飞：《面向汉语国际教育的同素同义单双音节方位名词研究》，山东师范大学硕士学位论文，2020 年。
⑦ 蒲嘉欣：《越南学生同素单双音节近义名词习得偏误及教学研究》，广西师范大学硕士学位论文，2023 年。

满足以下几条标准:在两个单独的词之间必须包含一个相同的语素,单音节词可以独立使用,存在近义含义,词性必须一致且都为名词。在此基础上选词步骤如下。

依据《汉语国际中文教育中文水平等级大纲》找出相互对应的单双音节词语,考虑到教学对象的汉语水平(HSK 一级至五级),结合学生上课使用的课本《HSK 标准教程》,选择了《国际中文教育中文水平等级标准》中难度等级均为五级以内的"路—道路"进行研究。

(一)语法差异

语法差异主要包括能否作主宾语,能否受单双音节形容词的修饰等(见表 2)。

表 2　语法方面的差异

	"路"	"道路"
作主语、宾语	+	+
受单音节形容词修饰	+	−
受双音节形容词修饰	−	+

(二)语义差异

下面试比较《现代汉语词典》中"路""道路"在语义上的细微差别。从释义中可以看出,单音节词语"路"比双音节词语"道路"的义项更为丰富,义项数量也较多。比如"路"有门路、途径的意思,可以说"我这里有条路,你要不要试一试?"而"道路"是没有这类意思的。除此之外,"道路"还有抽象的虚指用法(见表 3)。

表 3　语义方面的差异

	"路"	"道路"
虚实	抽象、具体均可	多用于抽象

（三）语体差异

同素单双音节近义名词的语体差异主要表现在口语和书面语的使用上。人们在日常交流中倾向于使用简洁、易于表达的单音节词。相比之下，双音节词语则稍显严肃，更适合用于书面语境，蕴含着更浓厚的书面语特征。这种语体差异对于汉语学习者来说非常重要，因为它可以帮助他们更好地理解和掌握这些词语在不同语境中的使用，从而提高他们的汉语交流能力。

以“路—道路”为例，在正常随意的谈话中我们常说“路上都是雪”，但在书面语中我们往往会使用双音节词语，如“走上独立发展的道路”。另外，通过搜索 BCC 语料库发现，在谈话中使用单音节词“路”的结果共有 183529 条，而“道路”则仅有 4231 条，从中也可以看出两者的语体倾向。

（四）韵律差异

在汉语中，语言的音节搭配往往遵循一定的规律。这种规律主要体现在单音词和双音词的配合上。单音词和单音词之间、双音词和双音词之间通常更容易形成平衡与和谐，即以“1＋1”或“2＋2”的模式搭配。

以“路—道路”为例，在使用过程中我们常常将单音词与单音词进行搭配。例如：

(9)合同规定：银杏大队提供土地、机井，保证道路交通方便，处理当地一些事务；刘庄大队负责建窑的一切资金、技术和设备。

(10)在漫长的人生道路上，自学酷似攀登山峰，不仅需要长足的信心，更要拥有坚韧不屈的毅力。

单双音节搭配不只是韵律问题，同时也是语体问题。在口语体中，往往会突破这种“1＋1”“2＋2”的要求。例如：

(11)A：未来该怎么走？

B：念书去！

A：念完呢？还是来面对人生路。

上述例子来自 BCC 语料库中的对话子库，如例(11)这样的“人生路”例子还有很多。

三、西班牙语母语者汉语同素单双音节近义名词的习得偏误分析

(一)调查对象及问卷

本次调查对象是来自赤道几内亚国立大学孔子学院的 25 名西班牙语母语者留学生，调查对象的具体信息如表 4 所示。

表 4 调查对象基本信息

HSK 等级	初级(1—2 级)	中级(3—4 级)	高级(5—6 级)
人数	2	6	12
占总人数比例	10%	30%	60%

本次搜集语料形式为调查问卷，最终收到 20 份有效问卷。本问卷分为以下两部分。第一，设立 3 道小问收集留学生的个人情况，如学习汉语的时间。第二，设立了 24 道单项选择题和 8 道题目，能够具体地反映出三组词在语法、语义、语体、韵律等方面的习得偏误情况。题目如下：

请选择“路”或/和“道路”将下列句子补充完整。(Please choose “路” or/and “道路” to complete the following sentences.)

1.希望我们都能够走向光明的(　)。

2.我这有条（　）要不要试试看？

3.我长大要成为一名（　）工程师。

4.等等我！我已经在（　）上了。

5.在日常对话中，你更倾向于使用哪句话？（Which sentence do you prefer to use in everyday conversation?）

A.我能找到路回家，谢谢。

B.我能找到道路回家，谢谢。

6.在作文书写中，你更倾向于使用哪句话？（Which sentence do you prefer to use in your writing?）

A.前面的路布满艰难险阻。

B.前面的道路布满艰难险阻。

7.安静的乡村（　）很适合骑自行车。

8.我走了很长一段雪（　）。

（二）习得偏误类型分析

收集到问卷后，对问卷反映出的数据进行整理，分析出现的偏误类型，包括语法偏误、语义偏误、语体偏误以及单双音节搭配偏误，具体数据如表5所列。

表5　西班牙语母语者留学生同素单双音节近义名词偏误类型统计

同素单双音节近义名词	语法偏误		语义偏误		语体偏误		韵律偏误	
	数量	占比	数量	占比	数量	占比	数量	占比
“路—道路”	6	25%	8	33.33%	1	4.17%	9	37.5%

根据偏误类型统计数据进行分析，可以将西班牙语母语者留学生调查问卷产生的具体问题进行归类（见表6），主要分为以下几种类型。

第一，语法偏误。在名词充当定语方面，比如第3小题，原句正确的表述应该是“我长大要成为一名(道路)工程师”,有25%的学生将该空写为“路”。与“路”相比,“道路”更常用来充当定语,如“道路设计”“道路美化”,因此,此处应选“道路”,而不是“路”。

第二,语义偏误。比如第1小题,原句正确的表述应该是“希望我们都能够走向光明的(道路)”,有20.83%的学生将该空写为“路”。“路”和“道路”都可以用来表示抽象义或具体义,但与“路”相比,“道路”的抽象意义更强,多与抽象形容词搭配,如“充满希望的道路”。

表6 “路—道路”组语义偏误情况

小题号	初级水平学生		中级水平学生		高级水平学生		总计	
	偏误数量	偏误率	偏误数量	偏误率	偏误数量	偏误率	偏误数量	偏误率
1.2	3	37.50%	3	37.50%	2	25.00%	8	33.33%

第三,语体偏误。在口语中,更倾向于使用单音节词语,但书面语并不等同于一定要使用双音节词。汉语语体的差异更多的是好不好的问题,对于汉语学习者来说,语体的习得有更大的挑战。第6小题“A.前面的路布满艰难险阻”“B.前面的道路布满艰难险阻”这两个选项中,B的“道路”明显更适合书面语体。

第四,单双音节搭配。双音节词与双音节词搭配方面,如调查问卷中的第7小题“安静的乡村(路/道路)很适合骑自行车”,有25%的学生选择了“路”。

四、同素单双音节近义名词“路—道路”教学建议

基于调查的习得偏误,本文从教材和教师教学方面出发,为同素单双音节近义名词的对外汉语教学提出一些针对性建议。

(一)教材及配套练习材料的修改建议

第一,完善释义。赤道几内亚国立大学孔子学院留学生所使用的专业课本是由北京语言大学出版社出版的《HSK 标准课程》。这套教科书在词汇上存在的最主要的问题就是关于生词版块的注释问题,教材的生词注释为“生词+拼音+词性+中英文释义”,其释义十分简短,且没有给出对应释义在具体语句中的使用范例,只有部分词汇会进行细致的释义与辨析。另外,多组同素单双音节近义名词被分散在课本的不同单元,如“路—道路”,这对于留学生来说十分容易混淆。

我们认为应该增加同素单双音节近义名词更加专业性的注释与辨析,同时,应将同素单双音节近义名词进行归纳,或设立小版块对汉语学习者起到提醒作用。比如在生词“路”后面补充“道路”的释义与用法,设立问答题“想一想,这两个词有什么区别?”这不仅可以提高汉语学习者对同素单双音节近义名词的敏感性和感知能力,还可以为汉语教师提供教学思路,以便于教师在词汇教学中进行同素单双音节近义名词的辨别和总结。

第二,增加练习。作为对外汉语教材的重要组成部分,课后习题可以有效地巩固学习者对课文和新词汇的理解,并通过针对性的练习来强化他们的语言运用能力。因此,建议教材编写增强对同素单双音节近义名词的重视,在课后习题中增加针对这些词语的辨析练习,从而为学习者提供更加全面且有效的学习体验。另外,还可以将学生以前学过的同素单双音节近义名词与新学知识合二为一,如将已学词语用于新学课文之中,或将新学语法结构与已学同素单双音节近义名词相结合,不断加深学生的印象。通过这些措施,学生不仅能够强化对已学同素单双音节近义名词的掌握,还能进一步提高语言表达能力,更准确地运用同素单双音节近义名词。

(二)教师教学过程中的相应处理

第一,重视语言对比。通过上文的问卷分析可知,西班牙语母语者留学生的语义偏误占总偏误的33.33%，占比最大。在具体教学过程中，建议教师先讲解单音节词与双音节词的共同语素，透彻讲解单音节名词的意义，再重点讲解单双音节名词的不同词义。如“路”和“道路”在西班牙语中翻译都是“El camino”，留学生通过直译的方法根本无法区分二者的差异，因此会出现“希望我们都能够走向光明的(路)”这样的句子。我们应将同素单双音节近义名词的相同语素和不同语素都作为重点来进行教学。

第二，加强学生的汉语节律练习。通过上文的问卷分析可知，西班牙语母语者留学生由于不熟悉汉语的音节韵律，其韵律偏误占总偏误的37.5%。因此，在同素单双音节近义名词的对外汉语教学中，加强留学生对汉语节律的感知十分重要。建议通过填空和朗读大量语言材料来加强学生的汉语节律学习。以填空练习为例，教师可以为学生提供含有韵律规律和语言表达方式的语料，让学生通过填空的方式来感知和掌握汉语语言的节奏和韵律。

第三，结合语境进行教学。语言环境在语言使用中扮演着至关重要的角色。孙德金指出，在同义词语教学中，需要关注整个句子的语境，不仅仅是直接与同义词语搭配的词语。这可以让词语的使用更接近于实际情况，有助于学生在句子中区分在语素干扰下选择单音词或双音词所产生的句义差异。[①] 这种教学方法有助于提高学生对这些词语的掌握程度和运用能力，从而在实际语言交际中更准确地表达自己的意思。通过创设语境，教师在课堂上能够快速调动同学们的积极性，也能够帮助学生们更快提高语感。

第四，教学过程中适度展示偏误情况。一般在课堂中我们往往会注重讲解正确用法，但事实上我们还可以通过讲解错误用法来加深学

① 孙德金:《语法不教什么——对外汉语语法教学的两个原则问题》,《语言教学与研究》2006年第1期。

生对于知识点的印象,这有助于让学生在实际使用过程中尽量避免出现类似的偏误。教师可以灵活运用正面讲解和反面讲解相结合的方法,促进学生对同素单双音节近义名词的掌握和运用,从而更好地适应汉语的复杂语言环境。

运用偏误进行教学是一种有效的方法,为了设计适合学生需求的偏误教学内容,教师需要进行以下几个步骤。

首先,系统搜集并归纳偏误素材。教师应通过多种渠道积极搜集并归纳相关的偏误素材。除了从语料库、课堂中学生出现的偏误以及生活中的现象中收集偏误素材外,还应注意利用各种教学资源,如教学评估、各类汉语能力竞赛中出现的偏误等。确保素材的来源广泛,与教学内容密切相关。

其次,基于偏误分析理论进行素材分类和教学设计。教师应熟悉偏误分析理论,对收集到的偏误素材进行深入分析和科学分类。在此基础上,针对不同类型的偏误设计有针对性的教学活动和策略。

再次,在课堂教学中灵活运用偏误素材。教师应选择合适的时机,结合课堂主题和目标,灵活运用偏误素材。在介绍相关词语用法时,可以呈现相关的偏误例句,引导学生进行批判性思考。同时,教师应设计丰富的互动活动,如小组讨论、案例分析等,创设真实的语言使用情境,激发学生的学习积极性和主动性。

最后,强化学生对偏误修改的认知和能力。教师应引导学生深入分析偏误产生的原因,培养他们的语言意识。同时,通过多种形式的练习和活动,如语言游戏、作文修改等,培养学生的偏误识别和修改能力。

结 语

基于问卷调查的方法,本文从本体和习得两个方面对同素单双音节近义名词“路—道路”展开个案研究，对同素单双音节近义名词的教学提出针对性建议。首先，对同素单双音节近义名词“路—道路”的特征进行描写与分析，主要从语法差异、语义差异、语体差异以及韵律差异四个方面对此类词语进行考察分析。其次，通过调查问卷搜集西班牙语母语者偏误情况，归纳出语法偏误、语义偏误、语体偏误及韵律偏误，发现同素单双音节名词的语体和韵律差异是西班牙语母语者习得的难点。最后，我们从教材和教师教学两方面提出了相应的处理办法。

区域国别视域下的汉语语法习得研究很有必要，也很紧迫，可以提出非常具有针对性的教学策略，从而提高教学效果。基于印欧语系母语背景的国际中文教学，需要重视以下几个方面的问题。

第一，汉语学习者母语背景的影响。重点关注学习者的母语背景如何影响他们对汉语语法结构的理解和应用。

第二，汉语习得过程中习得策略和学习习惯的国别差异。不同区域的学习者在面对汉语习得难点时，可能会采取不同的学习策略。研究涉及如何根据学习者的认知特点和学习习惯设计更为有效的教学方法。通过分析不同区域学习者在汉语语法习得中出现的典型错误，可以揭示特定区域学生面临的共同难题，从而指导教学重点和方法的调整。

第三，教师水平、教学方式、教材选择的国别和区域差异。不同国家和地区的教育资源分配、教学方法、教材选择等因素也会影响汉语习得的效果。例如，欧美学生可能更习惯于以讨论和实践为主的教学模式，而亚洲学生可能更适应于记忆和模仿。

第四，语言接触与输入的国别、区域差异。学习者所处的语言环境，如是否有机会接触大量自然汉语环境、是否能与母语者频繁互动，也是影响习得效果的关键因素。

第五，基于国别和区域的语言对比分析。将汉语与学习者的母语或其他已知语言进行对比，帮助理解学习者在哪些方面容易迁移或混淆，哪些方面需要特别强化教学。

第六，根据国别背景下的汉语习得数据，提炼基于区域的国际中文教育策略。结合具体学习者的个案研究与大规模数据收集分析，可以更全面地描绘出不同区域学习者的特点和趋势。

区域国别视域下的汉语语法习得研究，不仅关注语言本身，更重视学习者的个体差异、文化背景以及学习环境的影响，旨在为汉语作为第二语言的教学提供科学依据和实践指导。

基于中韩经贸实务的韩国商务汉语需求及教学优化研究*

刘　颖　李银熙　崔一方**

【摘要】 基于经贸实务的目标情景需求分析是商务汉语教学的出发点和落脚点。新形势下中韩经贸领域对商务汉语人才的需求显著提升，对商务汉语教学也提出了新要求。本文从韩国经贸领域用人单位岗位职责要求出发，考察人力资源市场对商务汉语人才的需求情况，并面向工作中使用汉语的韩国商务人士开展问卷调查及访谈，理清新形势下韩国经贸领域对商务汉语的真实需求，并对韩国热销的主流商务汉语教材进行分析，考察现有教材的特点，分析存在的问题，提出教学优化方案及教材改进建议。

【关键词】 中韩经贸实务；韩国商务汉语需求；教材编写建议；教学优化方案

引　言

中韩建交30多年以来，双边贸易额增长70多倍，中国已连续18年位居韩国第一大贸易伙伴国。“一带一路”倡议提出及《区域全面经济伙伴关系协定》正式生效后，中韩经贸领域需要更多懂中文、知中国、通商务的国际化人才。韩国企业在招聘人才时，往往将汉语能力作为

* 本文为教育部中外语言交流合作中心2022年国际中文教育研究课题重点项目（项目编号：22YH35B）的阶段性成果。

** 作者简介：刘颖，山东大学国际教育学院教授，硕士生导师；李银熙，韩国顺天乡大学职员；崔一方，山东大学国际教育学院讲师。

重要条件，韩国对商务汉语人才的需求显著提升，新形势对商务汉语教学提出了新要求。新时代的韩国商务人才应具备什么样的汉语能力，需要学习哪些商务汉语内容，现有教材能否满足新时代的学习需求，需要与时俱进加强需求分析研究。

张黎提出，“专门用途语言教学的需求分析总体上可以分为两个方面：目标情景分析和学习需求分析”①。史中琦认为，“需求分析至少包含五个角度：来自目标情境的要求，学生现有水平和目标水平的差距，学习者自身的期望，对学习者学习策略的分析，以及对客观制约条件的分析”②。目前关于韩国商务汉语学习需求分析的研究主要有黄莲花、李吉莲，权执，冯传强，金智秀等，但现有研究的关注对象大都是没有实际商务交际和职场经验的学生，得出的结论与经贸实务者所使用的商务汉语相关度较低。③ 面向韩国职场人士进行的商务汉语目标情景需求分析研究主要有辛承姬、李锦姬（音）、廖陈林、辛裕阳（音），虽成果较少，但对优化商务汉语教学、提高韩国商务人才培养质量有很强的参考价值。④ 关于韩国商务汉语教材的研究主要有裴宰奭和金廷恩、赵恩琼、侯明佳、王舒、李可心、贾元月、房上赫等，但此类研究大部分集中在中韩教材对比方面，且以词汇语法对比分析为主，忽略了对教材内容能

① 张黎：《商务汉语教学需求分析》，《语言教学与研究》2006 年第 3 期。

② 史中琦：《专用汉语教学需求分析：从理论到实践》，《汉语教学方法与技术》2020 年第 2 期。

③ 黄莲花、李吉莲：《商务汉语学习需求研究》，韩国《中国学》（作者译），2019 年，第 213—233 页。权执：《来华韩国留学生商务汉语学习需求调查与分析》，复旦大学硕士学位论文，2013 年。冯传强：《互联网＋时代的商务汉语学习需求调查分析》，《汉语国际教育学报》2020 年第 3 期。金智秀：《来华与在韩商务汉语学习需求比较研究》，上海交通大学硕士学位论文，2019 年。

④ 辛承姬：《韩国汉语教学的市场需求调研——以“商务汉语”课程为例》，《福建师范大学学报》，2009 年第 1 期。李锦姬：《商务汉语教学方案研究》，韩国《语言学研究》（作者译），2015 年，第 173—201 页。廖陈林：《在华商务人士汉语使用情况的个案调查》，北京语言大学硕士学位论文，2007 年。辛裕阳：《基于纪录片的企业商务汉语教学方案研究》（作者译），韩国淑明女子大学硕士学位论文，2016 年。

否满足商务交际需求的考察和分析。①

本文依据需求分析理论及框架②设计调查问卷和访谈提纲，以韩国企业、韩国商务职场人士以及韩国热销的商务汉语教材为分析对象，通过问卷调查和访谈了解商务汉语学习需求，通过教材内容分析考察其与学习需求的呼应情况，提出教学优化方案和教材改进建议。

一、研究过程

汇总分析韩国招聘网站 Saramin 和 JobKorea 的 387 条商务汉语相关招聘信息，考察用人单位对商务人才的汉语能力和职责要求；对 217 名使用汉语进行中韩经贸实务的韩国商务人士进行问卷调查，并对 5 名商务人士进行访谈，从目标情景角度进行需求分析；搜集整理韩国最大的连锁书店 KyoboBook 网站上销售的 170 种商务汉语教材并进行初步分析，选定 5 种热销商务汉语教材进行具体分析，发现热销教材在主题设置和课文内容构成上的特点及存在的问题。综合以上分析，提出以不同类型的韩国学习者为对象的商务汉语教学优化方案，并提出以需求导向和技能提升为驱动的教材改进建议。

① 裴宰奭、金廷恩：《商务汉语教育课程及教材分析》，韩国《汉语文学论集》（作者译），2011年，第 311—326 页。赵恩琼：《商务汉语写作教学方案研究》，韩国《汉语文学论集》（作者译），2012年，第 271—290 页。侯明佳：《对韩中高级商务汉语教材设计探索》，鲁东大学硕士学位论文，2013年。王舒：《商务汉语词汇研究》（作者译），韩国成均馆大学硕士学位论文，2016 年。李可心：《中韩初级商务汉语口语教材对比分析》，西北大学硕士学位论文，2021 年。贾元月：《对韩初级商务汉语教材分析及教学设计》，兰州大学硕士学位论文，2020 年。房上赫：《中韩商务汉语教材比较研究》，大连外国语大学硕士学位论文，2019 年。

② Hutchinson, T. and Waters, A., *English for Specific Purposes: A Learning-centred Approach*, Cambridge: Cambridge University Press, 1987, pp.10-19. Munby, J., *Communicative Syllabus Design: A Sociolinguistic Model for Defining the Content of Purpose-specific Language Programmes*, Cambridge: Cambridge University Press, 1978, pp.53-67.

二、调查结果及分析

(一)中韩经贸人才招聘信息分析

目前,韩国使用人数最多的招聘网站分别是Saramin(www.saramin.co.kr)和JobKorea(www.jobkorea.co.kr),韩国求职者主要通过这两个网站查找企业用人信息,开展求职活动,因此本文基于这两大网站进行招聘信息的收集和汇总,搜索了2022年8月1日至2022年11月30日期间在Saramin和JobKorea上中韩经贸企业的人才招聘信息,搜索关键词包括但不限于"중국무역"(对中贸易)、"중국어"(汉语)、"무역"(贸易)等,共得到387条相关招聘信息。

1.招聘信息中对汉语能力及受教育水平的要求

387条招聘信息中有239条招聘信息在应聘要求中提到了汉语能力,33条招聘信息对汉语水平提出了明确要求(见表1)。

表1 韩国商务汉语人才招聘要求的汉语水平(根据招聘信息原文表述分类)

	HSK4级以上	HSK5级以上	HSK6级	HSKK高级	HSK等级证书	总计
数量(次)	1	13	16	2	1	33
占比	3.03%	39.39%	48.48%	6.06%	3.03%	100%

韩国对商务汉语人才的汉语水平要求大多集中在中高级(HSK5—6级),从招聘信息的具体表述来看,中韩经贸人员不仅要会说汉语甚至精通汉语,还要具备岗位相关的业务能力,尤其重视实际工作场景中以汉语作为交际工具的业务沟通能力。

从求职者的受教育水平来看，用人单位偏好大专或本科学历及以上的人才(见表 2)。另外，1/3 以上的企业还将“会英语”作为招聘的必要条件，并将相关业务经验、能熟练使用常见办公软件等作为优先招聘条件。

表 2 韩国商务汉语人才招聘要求的受教育水平

	学历无关	高中以上	大专以上	本科以上	总计
数量(次)	89	22	131	145	387
占比	22.99%	5.68%	33.85%	37.46%	100%

2.招聘单位所属行业及岗位要求

对商务汉语人才有招聘需求的企业中，从事制造业和批发零售业的最多，分别占比 37.47%和 35.14%，专门科学研究及技术服务业占比 8.79%，运输及仓储业占比 8.53%，分别排名第三和第四。岗位需求方面，在中韩经贸领域最具代表性的“海外营业”和“贸易事务”岗出现次数最多，采购和销售/经营管理岗也较为常见(见表 3)。

表 3 韩国商务汉语人才招聘信息岗位需求统计

	销售/经营管理	采购	公关	服务	财务/会计管理	翻译	贸易事务	生产管理	海外营业	总计
出现次数	31	58	28	16	7	8	80	12	147	387
占比	8.0%	15%	7.2%	4.1%	1.8%	2.1%	20.7%	3.1%	38.0%	100%

另外，通过对各岗位职责要求的文本内容统计分析发现，大部分岗位都要求一专多能，一个岗位要承担多种职责甚至是其他岗位的工作任务。如占比最多的海外营业岗，其核心职责是发掘海外新客户、现有海外客户管理、进出口相关业务、海外客户业务应对及索赔管理，但同

时还需承担海外销售战略及分析管理、市场调查、法规监控及认证业务等，这些职责其实已经涉及其他岗位领域。其他岗位的职责要求也存在类似情况，体现出中韩经贸领域对复合型商务汉语人才的强烈需求。

（二）商务汉语目标情景问卷调查与访谈结果分析

本文面向使用汉语进行中韩经贸活动的商务人士展开问卷调查及访谈，问卷调查时间为2022年10月4日至2022年11月14日，在Google Forms中创建问卷并转发，共回收217份有效问卷。问卷调查对象中男女性别比1.23∶1，91.7％的调查对象目前在韩国工作，8.3％目前在中国工作，拥有汉语水平考试证书的占56.2％，其中获得HSK5—6级证书的占34.9％。问卷调查对象中普通职员最多，其次是中层管理人员，高层领导最少，这种职级分布情况也符合中韩商务职场的现实情况。访谈对象的基本信息如表4所示。

表4　访谈调查对象信息

序号	代码	年龄	学历（学校所在地）	职位	主要职责	供职企业信息
1	A	25	本科学历（韩国）	普通职员	采购业务	大企业（制造业）
2	B	37	本科学历（中国）	普通职员	采购和海外进口业务	中小企业（批发零售业）
3	C	28	本科学历（韩国）	中层管理者	生产管理、行政管理，进口、通关、入库等业务	大企业（制造业）
4	D	27	本科学历（韩国）	普通职员	进出口业务	中小企业（批发零售业）
5	E	51	本科学历（中国）	高层领导	进口、流通、销售业务	中小企业（物流业）

1.问卷调查对象所在行业及岗位

217 名问卷调查对象所在的行业主要有批发零售业(41.5%)、制造业(18.9%)、运输及仓储业(7.83%)等，所在岗位主要有贸易事务、采购、销售/经营管理、生产作业等(见图 1)。与表 3 招聘信息中的岗位需求对照可知，目前从事海外营业岗的人员较少，人才需求最为迫切；贸易事务岗目前的在岗人员最多，但仍有大量人才需求；采购和销售/经营管理岗也需要继续吸纳商务中文人才。

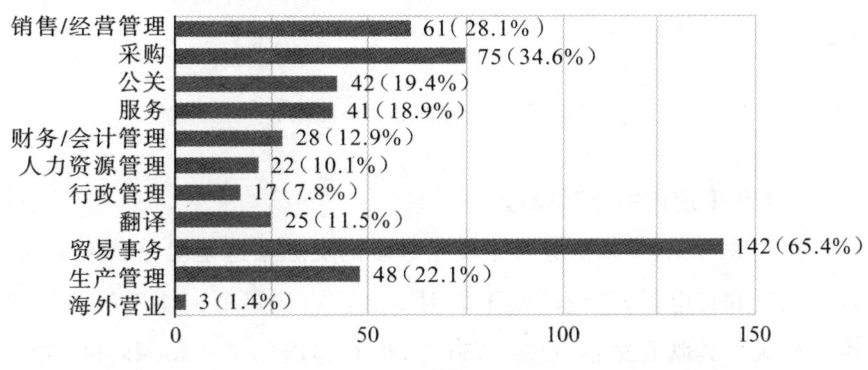

图 1　调查对象岗位分布情况

2.影响交际的心理环境因素

如图 2 所示，非面对面业务、正式的场合、文化、交际对象的等级差别是对商务汉语人士影响较大的心理环境因素。非面对面业务中缺失表情、动作等体态语的辅助，需要更精准、更得体的语言表达才能达成顺畅沟通，因此对汉语非母语者来说的确是个困难。访谈得知，处于儒家文化圈的韩国社会习惯使用敬语来体现职级的高低，这种母语使用上的倾向性也会对使用汉语进行商务交际产生不小的心理影响。

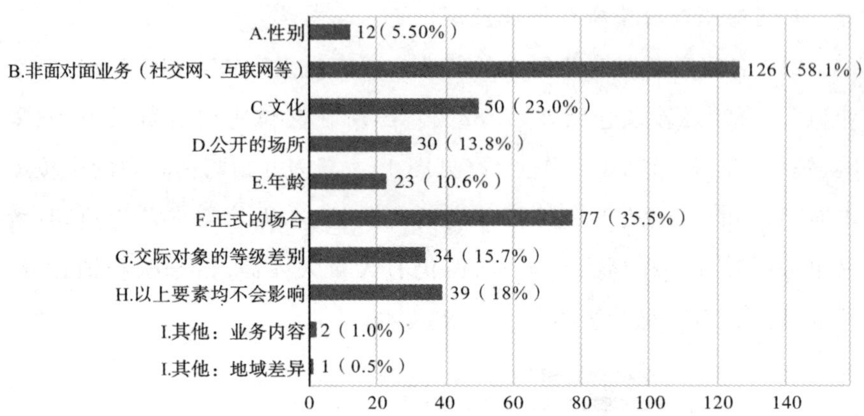

图 2　影响交际的心理环境因素

3.工作中使用的交际渠道

由图 3 可见，中韩商务人士使用最多的交际渠道是网上聊天工具、电子邮件和打电话，传统的线下面对面交流占比最低。使用最频繁的网上聊天工具既有微信、QQ、钉钉等，也有韩国的 Kakaotalk 和 Line。调查问卷中设置了“其他”选项，有一份问卷选择该选项并填写了“微信”，但微信其实属于“网上聊天工具”选项，因此将其合并统计。

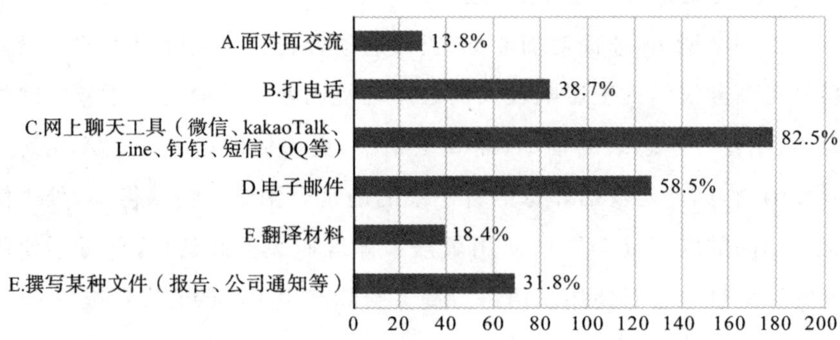

图 3　工作中使用汉语的交际渠道

4.工作中面临的交际事件

总体来说，韩国商务人士在工作中面临的交际事件均值最高的五项是：阅读工作文件（如商业合同、意向书、企划书）、撰写与制订相关文件（如合同、工作报告、规章制度、报表）、与客户或合作伙伴商谈、会见（如欢迎、介绍、打招呼等）、与他人沟通工作安排。但不同职级的具体情况有所不同。如图 4 所示，普通职员面临的最高频事件为阅读工作文件，然后是撰写与制订相关文件；中层管理人员面临的最高频事件为与客户或合作伙伴商谈，然后是撰写与制订相关文件；高层领导面临的最高频事件是与客户或合作伙伴商谈，然后是阅读工作文件。

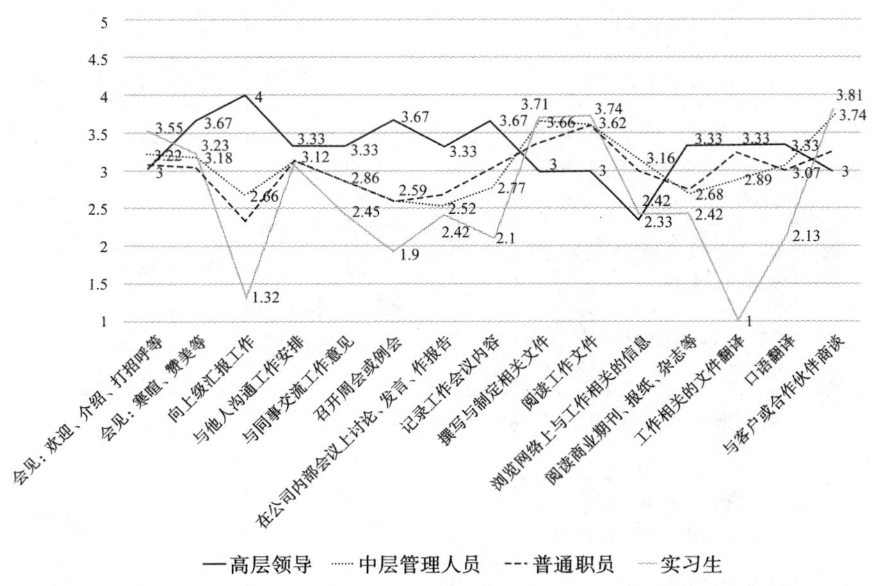

图 4　不同职级面临的交际事件

5.工作中使用汉语的熟练度

从听说读写译五种技能的总体情况来看，翻译技能的熟练度最高，写作技能最低，阅读、口语和听力技能的熟练度居中。从单项技能来说，熟练度最高的是能听懂熟悉话题的交谈，其次是能读懂本职工作相关的文件，最后是能进行简单的口语翻译。熟练度最低的首先是能听懂商业术语，其次是能准确记录工作会议内容，最后是能读懂工作相关的网上信息、商业期刊等文献。由此可见，韩国商务人士能运用汉语进行一般场景下的熟悉话题的简单交际，但对专业性较强的职场工作内容的掌握熟练度较低（见表 5）。

表 5　工作中使用汉语的熟练度

技能类型	具体描述	1＝不用汉语完成	2＝困难	3＝一般	4＝熟练	5＝非常熟练	平均分
听	能听懂熟悉话题的交谈	1	13	66	95	42	3.76
	能听懂商业术语	1	46	100	51	19	3.19
说	能与上级、下级、同事进行工作本职范围内的交谈	5	19	79	79	35	3.55
	能在会议上表达自己的观点和计划	2	32	91	59	33	3.41
	能与他人谈判、商量、联系	3	25	83	68	38	3.52
读	能读懂本职工作相关的文件	3	13	68	90	43	3.72
	能读懂工作相关的网上信息、商业期刊等文献	10	35	80	69	23	3.28
写	能写简短的便条	3	22	78	74	40	3.58
	能准确记录工作会议内容	8	42	76	65	26	3.27
	能撰写本职工作内的文件	4	30	80	71	32	3.45
译	能翻译工作相关的文件	6	18	66	90	37	3.62
	能进行简单的口语翻译	5	13	73	84	42	3.67

6.使用汉语工作时遇到困难的原因

由图5可见，调查对象在使用汉语工作时遇到困难的最大原因是缺少商务知识，其次是词汇量不够，再次是口语表达能力不够强，工作经验不够丰富和不了解合同、信函等商务文件的语体格式也是比较重要的原因，最后还有缺少翻译技能和文化差异等原因。在其他选项中，有调查对象提到"口语和书面语的差异"也是引起困难的原因之一。综合来看，这些原因呈现出商务相关、语体相关、文化相关、实践相关的特点，需要在教学优化时予以重视并给出针对性解决策略。

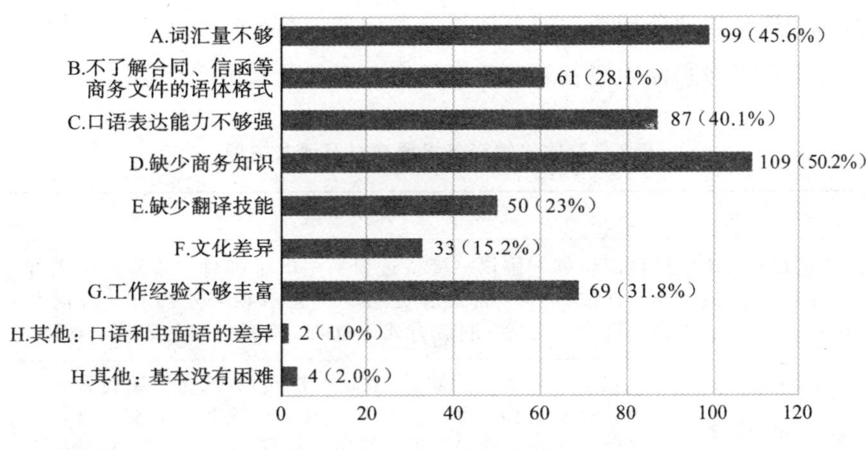

图5　使用汉语工作时遇到困难的原因

（三）韩国主流商务汉语教材分析

为了解目前韩国出版的商务汉语教材情况，本文在韩国最受欢迎的大型连锁书店教保文库网站（www.kyobobook.co.kr）上进行搜索，同时去实体书店进行考察。搜索时间为2022年9月1日，共找到170种商务汉语相关教材，根据销量选定前五种作为热销商务汉语教材进行具体分析。170种商务汉语教材中，有88种（占51.8%）由韩国作者执笔，外国作者执笔的有66种（占38.8%），其中14种由中国作者执笔，其他大部分为日本作者。此外，由韩国作者和中国作者共同执笔的教材有 16 种，占 9.4%。

总体来看，韩国热销的五种商务汉语教材，大部分作者都有商务职场相关工作经历，内容方面都包含商务活动对话，也都有相应的词汇语法展示及交际性练习，同时还有商务职场中可能遇到的问题的相关练习，但包含商务文件阅读分析的教材只有 2 种，包含商务文件写作的也只有 2 种，提及中国商务常识及相关文化的教材有 3 种，归纳整理常见商务用语的教材有 4 种。

将五种热销商务汉语教材的课文主题汇总（见表 6），可以看到这些教材一般是以商务职场中的具体场景为引领，以商务流程进展为线索，引导学习者熟悉涉中经贸领域的常见商务事件及其语言表达。

表 6　韩国热销商务汉语教材及课文主题

教材名称	课文主题
《好吃商务汉语 Level 4：实战业务》	进口商访韩—协议—接待进口商—电子邮件—传真—请求样本—评估样本—准备展览会—展会洽谈—做预算—协商价格—订货—交货—付款方式—包装—装船—签约签订—索赔
《Useful 商务汉语》	在飞机上—入关—住宾馆/登记—住宾馆/服务—银行开户—外币兑换—会面—开会—接风—答谢—议价—成交—逛街—小本生意—合同草案—正式签字—订货—参观工厂/检验—合资经营—股市行情—生意往来—公关—去机场的路上—送行与告别
《汉语银行——一本就够的商务汉语》	人物介绍—交换名片—聚餐—公司介绍—约见—问场所与位置—问年龄—开会—办银行业务—问电话号码—办手续—买礼物—银行业务
《OK！商务汉语》	到达中国—在酒店—正式见面—日程安排—出席宴会—初步洽谈—参观工厂—价格谈判—交货和付款—销售代理—广告与促销—在交易会—招聘面试—工业园区—签订合同—饯行告别
《汉语银行——商务实务汉语中高级》	查询查证—结算—告知/抗议—索赔/纠纷—追加订单—产品标准变更—商务信函—报盘与还盘—国际贸易合同—代理销售合同—关于产品结算的谈判—关于产品质量的谈判

将五种商务汉语教材中的课文主题与商务汉语水平考试(Business Chinese Test,BCT)大纲中的主题项目进行对比,可以发现五种教材中与“联系”“谈判”“签约”“考察”“银行”相关的主题出现频率较高,与“招聘”“应聘”“待遇”“评估”“会见”“营销”“商检”“争议”“投资”相关的主题出现频率较低,与“海关”“工商税务”相关的主题一次也没出现,可见五种热销教材对某几个特定主题有所偏好,这可能与教材作者自身的商务工作经历有关,但也体现出教材主题安排上的主观性和片面性。

三、教学优化方案及教材改进建议

通过前期调查和访谈得知,目前韩国的在校学生和职场人士都有进一步提高商务汉语水平的愿望,但他们的学习目的各有不同。本文认为韩国的商务汉语教学应基于不同群体的学习目的进行教学优化,因此提出面向首次就业为目的学习者的教学优化方案和面向职业发展为目的学习者的教学优化方案,后者又可细化为面向高层领导、中层管理人员和普通职员的教学优化方案,同时还应根据商务职场的实际需求和所欠缺的技能来改进教材。

(一)教学优化方案

本文所说的学习目的是指通过学习想要实现的基本目标。如果将首次就业作为基本目标,那么学习时就要优先考虑满足招聘方的用人要求;如果将职业发展作为基本目标,学习时就要优先考虑个人在职业赛道上的能力提升。

1.面向首次就业为目的学习者的教学优化方案

以首次就业为目的的学习者大都是正在求职的大学高年级学生或应届毕业生,也就是韩国的“就业准备生”。随着就业市场规模的缩小和就业竞争的加剧，就业准备生的基本目标不得不向招聘岗位职责中的具体要求看齐，因此教学优化方案也要以此为核心进行调整。如强化汉语教学，带领学习者在最短时间内达到 HSK5—6 级水平；加大与海外营业、贸易事务、采购、销售/经营管理岗职责相关的“汉语＋专业”复合能力的培养；增强商业术语、商务文件、商务文化、职场表达相关的知识储备和实战能力培养。

2.面向职业发展为目的学习者的教学优化方案

以职业发展为目的的学习者大都是因工作调动、离职或晋升等原因需要通过学习商务汉语来实现职业持续性发展的学习者。这些人已有使用汉语处理业务的相关经验，基本掌握相关表达和工作流程。根据职级的不同，可分为三种类型群体进行教学优化。

（1）面向高层领导的教学优化方案

高层领导的主要沟通对象是重要客户及合作伙伴，由于高层领导年纪相对较大，系统学习汉语的年代较为久远，有些口语表达已经产生固化现象，没能与时俱进地更新发展。对这部分人，可进行口语训练，教授行业内近期的新词语、新现象等。另外，高层领导主要负责重要合同和文件的审阅和签订工作，因此在教学中应更加注重提升其阅读和理解该类文件的准确性。还有些访谈对象表示，在与中国人交流时会受方言的影响，导致口头交际产生一定程度的困难。因此，为有需求的企业和人员量身定制课程，适当教授方言词汇也是可行的解决方案。

调查分析发现，数智化时代非面对面业务量不断上升，高层领导年纪普遍较大，对线上平台的操作不如年轻人灵活，因此对他们的教学可适当加入这一内容，帮助其逐渐熟悉数智化办公方式。

（2）面向中层管理人员的教学优化方案

通过分析中层管理人员的目标情景，发现他们更多地使用听说技能与客户或合作伙伴进行沟通，使用阅读和写作技能处理工作文件，与他人沟通工作安排等。所以教学中应有意识地增加中层管理人员与客户或合作伙伴以及上下级之间的交流场景。例如,与客户或合作伙伴之间的工作文件确认、与上下级之间的工作信息的回复与反馈等,在高频场景中不断提升其口头与书面交际能力。

中层管理人员通常处于上传下达的关键环节,还要内引外联,与各方人员保持良性沟通。可以面向该群体着重加强口语表达能力的训练,同时补充相关商务词汇,快速扩大词汇量,增强其在商务职场工作中的专业性。

(3)面向普通职员的教学优化方案

上述调查发现,普通职员面临的最高频事件为阅读工作文件,其次是撰写与制订相关文件,普通职员语言技能的使用频率由高到低依次为写、读、译、听、说。因此面向普通职员学习者的教学应将重点放在工作相关文件的写作、阅读、翻译方面。

通过对职级与工作时间的分析发现,韩国社会呈现出年龄与职级明显成正比的特点,也就是说普通职员大都年龄较小、工作经验较少。为了让普通职员更好地完成工作,应提供机会让其预先熟悉未曾接触过的交际事件,在相关工作场景中演练汉语交际和职场行为。

针对普通职员的工作特点和职业发展需要,可以结合相关教学资源设计更真实、更具现场感的教学优化方案。比如充分利用 TradeNAVI (www.tradenavi.com),该网站提供了 78 种适用于对中贸易的汉语版文件格式,包括进出口合同、劳动合同、租赁合同、技术合同等实用性文件,同时设置相关工作场景,开展读写译训练,让学习者代入式体验并完成相关工作任务。

(二)教材改进建议

袁建民认为商务汉语教材的编写应遵循科学性、实用性、针对性、趣味性的原则。[①] 以需求为导向编写教材是贯彻实用性和针对性原则的前提，基于此，本文结合需求分析和对现有教材的考察，对韩国商务汉语教材提出以下改进建议。

1.基于BCT业务类主题改进教材

对照BCT大纲来看，本文考察的五种热销商务汉语教材的主题分布不够科学，主题的设置较为主观。本文认为应参照BCT大纲中业务类主题的一、二级项目来设置教材中的单元主题和课文主题，避免因作者的个人经历导致有所遗漏或过多重复。根据现有教材考察结果，改进教材时应纳入海关、工商税务等主题的内容，增加招聘、应聘、待遇、评估、会见、营销、商检、争议、投资等主题相关内容的出现次数，以保证商务职场中典型业务场景的全面覆盖，这对于以首次就业为目的的学习者来说尤为重要。

2.基于商务职场工作中的难点改进教材

调查发现，中韩经贸领域的职场人士经常由于缺乏商业知识、词汇量不足、不了解商务文件的语体格式等原因，在商务活动中难以听懂商业术语，阅读网络信息或商业期刊文献时也有困难，在完成会议记录等文字工作时力不从心，更无法准确熟练地表达出自己的观点和计划。目前的商务汉语教材显然缺乏对上述问题的关注，因此我们建议直接针对这些问题进行教材编写或改进，如在教材中增加书面语体的商务文件读写内容、补充每课主题相关的商业知识及术语、加强商务活动场景中的真实任务和沉浸式演练、设置主题相关商业文献的扩展性阅读等。

① 袁建民:《关于“商务汉语”课程、教学和教材的设想》,《云南师范大学学报》(对外汉语教学与研究版)2004年第2期。

结 语

中韩两国地缘相近，文化相通，双边贸易活跃，虽然最近几年受中韩外交政策的影响，韩国的青年学习者对汉语的喜好度有所下降，但通过我们的研究发现韩国企业对商务汉语人才的需求仍然相当旺盛，许多高校也并未停止商务汉语专业建设和人才培养。对韩国来说，培养精通汉语和中国文化的国际商务人才具有长远而重要的意义，因此学界对商务汉语的需求分析及教学优化探索亦应持续进行。

英国华人家庭语言生活及其对华裔儿童中文学习的启示

刘　畅　韩志培*

【摘要】 英国华人家庭语言生活呈现双语多言的基本格局，语码夹杂的语言使用、多元主义的语言意识和代际共育的语言培育是其语言生活典型特征。研究发现，英国华人的中文能力呈现强听说、弱读写的发展态势，具有以华人身份为内核的多元文化认同。中文日渐成为个体发展的资源禀赋，英语是融入当地生活的交际触媒，方言则是勾连乡土中国的情感媒介。家长通过语言投资、显性规约和言传身教的方式促进子女的中文学习。针对华裔儿童中文学习困境，家长应通过建立融洽的亲子关系，达成中文使用契约、激发中文学习兴趣以促进华裔儿童的中文学习。

【关键词】 英国；华裔儿童；华人家庭；语言生活；国际中文教育

引　言

华人移民英国已有 200 多年历史。既有研究考证，1800—1945 年约有 2 万中国人移居英国。放眼全球，华人在绝大多数国家属于少数族群。截至 2019 年，英国华侨华人总数有约 70 万，占英国总人口的 1%，多数英国华人已加入英国藉，是目前第三大少数族裔。社会中的

* 作者简介：刘畅，山东大学国际教育学院博士研究生；韩志培，山东大学语言与文化传播专业博士研究生，泰国人，泰国办超中学副校长。

族群交融意味着多元语言文化的浸润，客观上丰富了语言生活的样态。这是个体多语能力提升的契机，也对少数族裔语言保护和教育提出更高要求。华人移民的家庭语言生活关涉社会融入、语言选择及文化接触，反映了在异域空间内华人族群的语言使用、语言意识和语言培育情况。华人家庭空间的英文与中文的博弈从未消弭，家庭语言生活中的语言竞争如若处理不好，轻则引发家庭矛盾，重则加剧语言转用。开展英国华人家庭语言生活现状调查有益于摸清华裔儿童中文学习现状，亦可助力国际中文教育的在地化发展。

一、文献综述

什么是语言生活？语言生活是人们运用、学习和研究语言文字、语言知识和语言技术的各种活动。① 移民家庭语言生活是语言生活研究的重要分支，是一种区域语言生活、族群语言生活、领域语言生活。华人移民家庭语言生活的研究发端于华人流寓海外面临母语传承的问题，研究内容集中于影响传承的因素、传承路径、祖语变异。此类研究多围绕华人移民人口较多、历史久远绵长的东南亚和欧美国家展开。

在同族婚姻家庭中，家庭语言生活受到认知、信仰、期望、社会政治、经济因素的强烈影响。② 二代华人开始呈现出中文语言转用的趋势，家庭在祖语传承中起到留根育苗的作用，家长利用家庭内外资源进

① 李宇明：《语言生活与语言生活研究》，《语言战略研究》2016 年第 1 期。

② Curdt-Christiansen, X. L., "Invisible and visible language planning: ideological factors in the family language policy of Chinese immigrant families in Quebec," *Language Policy*, Vol. 8, No. 2 (2009), pp.351-375. Bai, P. R. and Young A. S., "Family language policy and parental language ideologies among Chinese transnational families in multilingual Luxembourg," *Language Policy*, Vol. 24 (2024), pp.1-24. 李嵬、祝华、连美丽：《想象：跨国移居家庭传承语维持与转用的关键因素》，《语言战略研究》2017 年第 2 期。

行语言培育。[①] 华裔家长及其子女的语言期待和家庭环境的影响对华二代的华语传承则发挥着关键作用。[②] 已有研究发现,多元的家庭语言意识促进了缅甸华裔青少年相对包容开放的文化态度的形成和对"多元文化者"身份的接纳与共存,但同时在一定程度上削弱了其对中华文化身份的理解与认同。[③] 以美国为背景的证据表明,华裔青少年文化身份认同存在融合、边缘化和异化的发展模式。[④] 有研究指出华人父母将中文视为一种问题、一种权利和一种资源,以应对他们在东道国遇到的斗争、挑战和机遇;家庭多元语言意识的共存与矛盾同代际语言传递有关。[⑤] 华人以华语和方言为核心媒介形成独自的经济活动范围。[⑥] 引发家庭语言格局变化的因素包括:家庭语言成员的变动和外部语言环境的影响。[⑦]

移民和国际流动的增加促进了移民接受国内部社会和语言多样性的增加,移民国家作为一个多种族国家,异族通婚是可以预见的趋势。异族通婚是指配偶属于不同语言社区的情况。面向新加坡华人与马来西亚人的跨族裔家庭研究表明,家庭语言生活中使用英语的频率远高于中文和马来语;父母显性或隐性的语言意识均认为,中文对子女未来

① 刘慧:《柬埔寨华人家庭语言规划与华语传承调查研究》,《语言战略研究》2021 年第 6 期。康晓娟:《海外华裔儿童华语学习、使用及其家庭语言规划调查研究:以马来西亚 3—6 岁华裔儿童家庭为例》,《语言文字应用》2015 年第 2 期。

② 曹贤文、金梅:《美国新泽西州华二代华语传承调查研究》,《语言战略研究》2021 年第 6 期。Mak, E., Vanni, N. N., Yang, X. T., Lara, M., Zhou, Q. and Uchikoshi, Y., "Parental Perceptions of Bilingualism and Home Language Vocabulary: Young Bilingual Children from Low-income Immigrant Mexican American and Chinese American Families," *Frontiers in Psychology*, Vol. 14, No.2(2023), pp.105-116.

③ 乐晋霞、魏红:《缅甸华人家庭语言规划特点及其影响分析》,《华侨华人历史研究》2023 年第 4 期。

④ Gao, F., "Family Linguistic Ecology in Chinese American Diasporas: Migrants' Heritage Language Planning and Discursive Ethnolinguistic Identity in-between," *International Journal of Multilingualism*, (2024), pp.1-21.

⑤ Tang, X. R. and Zheng, Y. Y., "Unpacking Complex Language Ideologies toward Heritage Language Maintenance: A Case of Chinese Migrant Families in the US," *International Multilingual Research Journal*, Vol. 17, No. 4 (2023), pp.333-350.

⑥ 荒井茂夫:《马来西亚华人社会的语言生活和认同结构——以问卷调查为基础的分析》,《华侨华人历史研究》2007 年第 2 期。

⑦ 伍巍:《家庭语言交际格局的动态研究——两个家庭 20 年来语言生活的历时调查分析》,《语言文字应用》2003 年第 1 期。

很重要，马来语是一种更家庭化的语言。① 一项针对华人与意大利人的跨族裔家庭纵向研究发现，父母的语言意识差异会随时间推移而发生变化，进而影响儿童的多语言实践与成就。②

当前学界围绕英国中文教育研究多集中在华语语言特征③、言语社区结构④、中文教育⑤和中文教师发展领域⑥。亦有研究探讨中文学习与文化传承：想象在中文传承中的作用⑦、比较英国少数族裔（华裔、意大利裔和巴基斯坦裔）家庭语言政策⑧、中文祖语学习中的身份建构⑨和中文祖语学习中的幸福感⑩。

为何开展英国华人家庭语言生活研究呢？既有成果多立足于人，从人的认知、情感、身份等单一视角阐释中文学习与使用。然而从家庭空间的视点切入中文学习与言语实践，能够拓展中文作为祖语学习和传承的诠释空间，更全面地分析英国华裔儿童中文学习的实然之境。从而针对华二代中文学习与保持的现实问题，立足于语言使用、语言意识和语言培育，生发出适用于英国华裔儿童中文学习的因应之策，构筑

① Ng, B. C., Tan, M. J. J., Pauwels, A. and Cavallaro, F., "Language practices in Malay-Chinese families in Singapore," *Journal of Multilingual and Multicultural Development*, Vol. 45, No. 8 (2024), pp.2940-2960.

② Crepaldi, Y. T. and Mirvahedi, S. H., "Language ideologies and practices in flux: the case of an Italian-Chinese transnational family," *Current Issues in Language Planning*, Vol. 25, No. 5 (2024), pp.509-530.

③ 孙德平：《柯因内化前期海外华语特点研究——以英国华人社区华语为例》，《语言研究》2020 年第 1 期。

④ 杨荣华：《英国华人言语社区的结构模式研究》，《华文教学与研究》2011 年第 3 期。

⑤ 张新生、李明芳：《英国中文教育近年发展情况述评》，《国际汉语教学研究》2022 年第 1 期。王传玲、洪明：《英国华文教育的历史发展与影响因素分析》，《华文教学与研究》2010 年第 4 期。

⑥ 李欣、付梦芸、康青霞：《新时代英国华文教育工作者职业生存状态的社会学分析》，《华侨华人历史研究》2021 年第 3 期。

⑦ 李嵬、祝华、连美丽：《想象：跨国移居家庭传承语维持与转用的关键因素》，《语言战略研究》2017 年第 2 期。

⑧ Curdt-Christiansen, X. L. and Iwaniec, J., "'I miss you': Emotional multilingual practices in transnational families," *International Journal of Bilingualism*, Vol. 27, No. 2 (2018), pp.159-180.

⑨ Zhou, Y. and Liu, Y. C., "Theorising the dynamics of heritage language identity development: a narrative inquiry of the life histories of three Chinese heritage speakers," *Language and Education*, Vol. 37, No. 3 (2023), pp.383-400. Little, S. and Zhou, Y., "Beyond roots and wings: co-constructing a framework for heritage language children's liminal and limbotic identities," *Journal of Multilingual and Multicultural Development*, (2024), pp.1-14.

⑩ Zhou, Y. and Liu, Y. C., "A 'positive' turn in heritage language education: Multilingual children's voices on language learner well-being," *System*, Vol. 125, No.6(2024), pp.1-13.

和谐的语言生活。

二、研究设计

本文主要侧重调研英国华人家庭语言生活的现状，并探讨如何更好地帮助英国华裔儿童学习中文和习得中华文化。

（一）研究对象

育有子女且长期定居英国的华人家庭是本文讨论、描述的对象。研究综合考虑职业经历、学历背景、移民代际和年龄因素，选取了10位符合上述标准的华人家长作为受访者。受访者语言生活比较丰富，职业背景多元，生活在不同地区，涵盖不同代际的移民，具有良好的可信度和代表性。受访者按照访谈先后顺序，简称为S1、S2等，表1简要汇总了受访华人家庭情况。

表1　受访英国华人信息简介

受访者	代际	职业	年龄（岁）	家庭共同语	子女情况	学历
S1	华二代	游戏策划	30—39	中文	一子	本科
S2	华一代	摄影师	30—39	中文	两子	研究生
S3	华一代	公司文员	30—39	中文	两子	研究生
S4	华一代	保姆	60—69	粤语	一子	高中
S5	华一代	厨师	60—69	粤语	一子	初中
S6	华一代	家庭主妇	60—69	英语	一女	高中
S7	华一代	主持人	30—39	中文	一子一女	本科
S8	华一代	律师	40—49	中文	一子	研究生
S9	华一代	进出口贸易	40—49	中文	一子一女	研究生
S10	华一代	会计	40—49	中文	一子	研究生

（二）研究方法与数据来源

访谈是一种研究性交谈，是研究者通过口头谈话的方式从被研究者那里收集（或者说建构）第一手资料的研究方法，深度访谈具有更大的灵活性、开放性及解释空间。[①] 因此，本研究采用质性访谈法，调查英国华人家庭语言生活情况，揭示华裔儿童家庭场域中文学习困境，阐释促进华裔子女中文学习的对策。访谈采用半结构化方式，采取线上访谈形式，访谈时长约为 70 分钟，访谈内容包括背景信息、家庭语言使用、语言意识和语言培育四部分[②]。质性语料的数据清洗遵循最小化修复代价原则，最终获得了 9 万余字的访谈资料。

三、英国华人家庭语言生活现状

英国华人家庭语言生活全方位影响华裔儿童语言能力发展。英国华人在跨文化环境中语码转换和语言转用是一种常态，家庭和社会共同形塑了家庭语言生活的基本格局。

（一）语言使用：双语多言与语码夹杂

家庭语言使用是指家庭成员间的言语沟通，观察家庭语言使用情况能够反映一个族群内部代际间的思维模式、价值观念与文化变迁的境况。英国华人家庭语言使用呈现多元化、阶段性、动态性的特征，双语多言的语言格局彰显了语码夹杂的语言使用特征。

1.语言使用模式

家庭共同语的选择是一个关涉身份文化认同与自我认知的复杂问题，家长的母语背景、教育背景、社会阶层、语言意识、亲子关系、朋辈语言能力等因素制约着每个家庭的语言使用模式。英国华人家庭语言使

① 陈向明：《质的研究方法与社会科学研究》，教育科学出版社 2000 年版，第 165 页。

② 访谈提纲的设计主要参考刘慧《柬埔寨华人家庭语言规划与华语传承调查研究》（《语言战略研究》2021 年第 6 期）和曹贤文、金梅《美国新泽西州华二代华语传承调查研究》（《语言战略研究》2021 年第 6 期），并在此基础上进行适当调整。

用存在中文、汉语方言、英文和跨语言交流四种模式。双语，甚至多语，已经成为海外华人的必需品。[①]

第一类家庭以中文为主。家庭成员多来自中国大陆，中文为母语。家庭核心成员多为接受过高等教育的新移民，不再从事唐人街、中国城的服务业工作，有更多时间陪伴子女，因此在日复一日的海量祖语输入下，说中文成为家庭成员之间的语言习惯。此外，抚育孙辈是一些老年人提供代际支持的方式之一，也是华裔儿童习得祖语和感知祖籍国文化的一个重要途径。例如：

S10："在家都说中文，语言就是习惯，用进废退。"

S1："二老喜欢孩子，退休了也有空帮我们照顾孩子，跟孩子讲普通话。"

第二类家庭是以粤语、客家话、闽语、吴语等汉语方言为主。家庭成员往往来自中国南方地区，以香港、广东、福建人尤为常见，多为建国后到改革开放初期的老一代移民。其只掌握粤语、客家话等单一方言，工作繁忙致使陪伴子女的时间不多，祖语输入量有限，此类家庭的子女方言水平远不如英语。例如：

S5："厨师工作忙，每天下班很晚，只能送他去中文学校学粤语。"

S4："当保姆虽然时间稍微自由，但与儿子相处不多，特别是上了幼儿园后，他英文讲得很好了。"

第三类家庭以英语为主。华裔儿童在英国接受基础教育是语言转用的关键节点。英语华人家庭分为两种情况。其一，父母在英国接受高等教育，从事以英国本地人为客户的行业，加之对子女的语言选择保

① 陈奕平、尹昭伊：《70年来中美关系的变迁对美国华侨华人的影响》，《华侨华人历史研究》2019年第3期。

持无为而治、顺其自然的态度,无形中推动了家庭共同语从中文到英文的转变。其二,在父母双方至少有一方母语为英语的情况下,如果以中文为母语的一方缺少强烈的语言保持意愿,祖语逐渐成为弱势语言,并发生语言转用。例如:

S8:"律师工作和尊重孩子意愿的态度促使我在家和孩子说英文。"

S6:"我老公是香港人,我的性格不强势,孩子上学后在家就说英语了。"

第四类家庭以跨语言交流为主。跨语言交流的前提是亲子双方均能听懂彼此的语言。跨语言交流的特征为父母说中文/方言,子女说英文,本质为祖语传承中断。此模式存在两种情况:其一,父母执意要求子女说中文,但事与愿违;其二,父母不强求子女掌握"说中文"的技能,底线是其须掌握"听中文"的技能。这类家庭内部亲子关系可能并不和谐,而且朋辈的中文语言能力较低,间接消解了家庭外的中文空间。

2.语言使用特征

英国华人家庭语言生活呈现出双语多言的基本格局。家庭与家庭之间在教育背景、成长环境、家长工作上存在异质性,生成了不同形态的语言生活。双语是指中文和英语,多言包括粤语、客家话、温州话、上海话、东北话等方言。例如:

S1:"在家都说中文,但会夹杂东北口音。"

S5:"我是客家人,不过基本上用粤语,偶尔用客家话。"

S4:"我和我姐姐都讲粤语,邻居说上海话。"

生活在海外的华人在言语表征上也浸染了所在国语言的风格。语码混杂与言语趋同是华人家庭语言生活的特质之一,某种意义而言,这是一种超语实践。[①] 华人家庭生活中，在忘记中文对应词、日常生活起居等情形下，会使用英文或中英文串用，这可能是出于沟通便捷与提升语言经济性的考虑。家庭成员拥有不同的社会网络，亲属、密友、事业伙伴来家长作客时，一个英国华人的交际网络具有不同的指向，也同时形成不同的言语社团。当听话人是不掌握中文的英国人时，说话人的语言资源使用是有显著预期的。如果此时使用中文或汉语方言，祖语的使用赋予了“标记性”，会对听话人表达出歧视和不尊重的意味，引发猜疑，使其成为语言生活的“受排斥者”。例如：

S1:“如果对话时有英国人，我会跟儿子说英语，首先要尊重他人，也不想引起别人的猜忌。”

S2:“儿子在不知道如何用中文表达时，会说英文。”

S7:“两个孩子之间是中文英文交叉着说。”

家长的语言选择与实践对华裔儿童语言习得具有重要的导向作用。中文对于祖辈来讲，文化价值远超工具价值，是一种回归乡土的精神寄托。绝大多数受访者的子女均可以用祖语（中文或方言）与父母和祖父母交流，特别是对于中文语言忠诚度不高的华裔儿童而言，与祖辈用祖语沟通成为维系家庭和睦的重要纽带。这与关于留守国内的洋儿童（华裔儿童送回国内由祖辈抚养）的语言使用结论相一致。[②]

总体而言，华一代普遍坚持使用中文或方言，华二代、三代在接受英国基础教育后，转用英语是一个不可规避的大趋势。是否能保持祖语、多大程度上保持祖语则取决于华裔儿童的家庭语言环境、身份与文化认同、自身祖语水平和朋辈中文能力。孙辈的语言转用可能意味着家庭中代际沟通的中断。

① 超语实践是语言使用者依照个人交际意图综合运用多种已知语言和模态符号进行表意和交际的社会实践活动。

② 孙浩峰、苏新春：《福建侨乡“洋留守儿童”语言生活现状调查研究——基于福清市江阴镇的田野调查》，《语言文字应用》2019年第2期。

（二）语言意识：多元主义与文化媒介

语言意识指对不同语言的价值、权力、地位、用处等的认识，它是支撑语言政策背后的信念体系集合。[①] 从语言事实角度出发，任何语言都是平等的，并无优劣之分。语言平等是民族平等的宪法精神、人人平等的普世理念在语言政策、语言观念上的体现。[②] 从社会事实角度而言，在言语社区当中人们对中文、英语和汉语方言具有差异化的语言意识，这与不同语言的语言活力和履行的语言职能有紧密关系。语言意识侧重理想中的应然。英国华人对于中文和英文的语言意识与态度日趋理性、多元，重视中文的文化属性，也认可中文与日俱增的经济价值。

1.英国华人的语言态度

英国华人将语言视作个人未来发展的重要禀赋和族群文化的标识边界，也对中文、英文和汉语方言在家庭语言生活和个人发展中的角色、定位具有清晰的认识。

英语是落地生根的交际触媒。英国华人将英语视作融入当地社会不可或缺的工具、手段和途径，是必须要掌握的语言，关乎生存，亦关乎个人发展。掌握英语是在英国学习、工作和生活的必要条件，英文水平也与个体的教育、就业直接关联。在没有掌握英语的从事服务业的老一代移民中尤为强烈，而在接受过高等教育的新一代移民中，英语是工作语言，其对下一代学习英语的态度更加平和、从容，相信子女在学校和社会中自然习得英语，不需要有意识强调。例如：

S5："讲好英语是前途光明的。"

S1："虽然在家只跟孩子说中文，但学校中他自己会学好、讲好英文。"

① 汪卫红、张晓兰：《中国儿童语言培养的家庭语言规划研究：以城市中产阶级为例》，《语言战略研究》2017 年第 2 期。

② 李宇明：《和谐语言生活减缓语言冲突》，《语言文字应用》2013 年第 1 期。

中文是赓续与启新的联结纽带。越来越多的在英华人将中文当作家庭共同语，中文是亲情维系、人际交往、文化传承与商贸流通必不可少的一环，逐渐承接了昔日方言的功能。英国新老华人移民之间的人际交往、商贸往来与姻亲交流促使讲方言的华人开始以自学、家庭传习、中文社会机构等途径学习中文。英国华人移民来自中国大陆、港澳台地区以及部分华人分布较多的东南亚国家，中文可以显著降低家庭内部沟通成本，自然成为首选的家庭共同语。然而中文比英文难学，是华人家长的共识，特别是汉字的识读与书写方面，因此其十分重视在家庭中创设中文泛在环境，来培养华裔子女的语言习惯。由于社会语言环境缺失，家长侧重听说技能培养，读写技能不作刻意要求。

方言是勾连乡土中国的情感媒介。华人家长对于方言的情感与态度更为复杂。一方面，方言是追忆故乡的根；另一方面，方言的传承难以为继。就族群情感而言，肯定方言价值的家长将方言视作连接自我和故土的根脉。就方言能力而言，希望传承方言的家长更注重"听"的技能，不强求具备"说"方言的技能。就语言功用而言，以方言为母语的家长将方言视作唯一的交际媒介。例如：

S1："方言可以让孩子更好地认识到自己的根。"

S3："孩子学中文时顺带会一点方言就行。"

S4："儿子只有和我们才说粤语，但说得磕磕巴巴的。"

所在国语言逐步习得为母语、祖籍国方言放弃与变异，是海外华人语言生活的现实。[①] 在中国生活过一段时间的一代和二代华人出于亲情维系、故土乡情仍然保持着对中文的语言忠诚，对方言的语言忠诚次之。华裔儿童缺少对祖籍国的具身感知，致使祖语的语言忠诚逐渐消

① 鲜丽霞：《曼德勒华人的语言生活》，《东南亚研究》2008 年第 1 期。

逝，从英国出生的二代华人或多或少保持一定的华人属性，三代华人开始对祖语和祖籍国文化的认同大幅下降，将住在国视同自己的祖国，认同并践行住在国文化理念。

2.英国华人的族群文化认同

语言（也包括文字）职能主要分工具和文化两大范畴。[①] 语言构成文化，也承载文化；是语言承托起海外华人的族群认同与情感依存。族群认同是指一个人对某个群体的归属感以及与之相伴的态度和情感。[②] 大多数英国华人家长的内心深处仍然认为自己是“流寓的中国人”，归属于中国文化，不论其身份是华侨，还是华裔。对于在中国出生、成长的新一代华人移民而言，拥有中国人的身份认同与中华文化的文化认同是很自然的事情。其中多数人仍然保留中国国籍，华侨身份的灵活性和落叶归根的期待是主要原因。值得注意的是，华人的族群文化认同在已经入籍英国多年的老一代移民身上格外明显。例如：

> S1：“我爸妈都已经入籍了，但我内心觉得自己是中国人，而且国内也有亲戚，所以依然保留中国国籍。”
>
> S4：“虽然我是华裔，但我们夫妻俩打心眼里认为是中国人，说中文，过中国节，吃中餐。”

英国华裔儿童的族群文化认同面临身份的羁绊、心理的摇摆。年幼时对于国家和族群文化认同处于无意识状态，受家长影响较大。入学作为一个关键节点，多数华裔儿童的母语会从中文渐渐转变为英文，中文使用环境仅限于家庭空间的人际交往。此后多数华裔儿童的文化认同不再只局限于中华文化，甚至对祖籍国的文化认同感逐渐降低，西

① 李宇明：《和谐语言生活减缓语言冲突》，《语言文字应用》2013年第1期。

② Phinney, J. S., “The Multigroup Ethnic Identity Measure: A New Scale for Use with Diverse Groups,” *Journal of Adolescent Research*, Vol. 7, No. 2 (1992), pp.156-176.

方文化认同感与日俱增。究其原因,自身语言水平限制和语言文化环境的缺失使得多数华裔儿童缺乏主动了解中国文化的兴趣和意愿。此外,中英两国地理上远隔重洋,相较于与中国山川相连的东南亚国家,在英华人回国探亲、游玩的时间与经济成本较高,这成为华裔子女具身体验中华文化的障碍。

(三)语言培育:代际共育与语言投资

海外华人的语言培育以多模态的语言材料为基础、以多元化语言实践为路径,旨在提升华人的语言应用能力。英国华人家庭中父母和祖父母是主要的语言培育者。父母倾向刚性的语言培育,祖辈倾向柔性的语言培育。希望华裔儿童讲好中文是英国华人家长共同的语言期待。

1.语言培育路径

日常生活中的言传身教是华裔儿童习得中文的最主要途径,目的是形成语言习惯。家长为华裔儿童创造了接触、学习和使用中文的渠道与资源。多数华人父母会尽己所能为子女构建中文泛在空间。在华裔儿童入学前,在非休息时间,父母或华人保姆一直在进行中文输入;上学后每天的中文输入时间也基本在五小时以上。语言规划意识强的父母,会鼓励子女与同学、朋友交流时说中文,会培养其阅读中文书的兴趣,会给其提供经过筛选的中文视频素材,会用中文与其讨论有深度的话题,甚至会引导其了解祖籍国优秀传统文化。

中华文化的民俗切入为华裔儿童中文学习提供文化空间。父母是中华文化内涵的复述者和解释者,然而多数英国华人家长尚不具备对中华传统文化的全面、系统、透彻的理解。因此,以熟知的传统节日为切口,也不失为可行的路径。家长较少讲述民俗的缘起,更多的是通过去唐人街看舞狮、包饺子、贴春联、吃月饼等具象的文化体验活动帮助华裔儿童建构对祖籍国文化的认知。部分英国华人家长兼具较高的人文素养和科学的教育理念,以蕴含中国历史文化的故事、以包含传统经典的知识、以儿童喜闻乐见的媒介形式、采用点滴渗入式的传播方法，有效提升了华裔儿童的中华优秀传统文化素养。

代际共育的言语实践是祖语得以维系的重要羁绊。多数英国家庭中的华裔子女经常会与定居中国的祖父母线上沟通，部分家庭会将祖辈接到英国，祖语自然成为祖孙之间唯一且必要的交流工具。这与澳大利亚华人家庭中的调查结论相近，祖父母在照顾孙辈和促进其语言、身体发展方面发挥着重要作用。[①] 在已经完成英语转用的家庭中，祖辈或许是华裔祖语维系的最后桥梁，在可预见的将来，这一批华裔儿童或将彻底成为英语单语者。三代共居的生活方式与华人社区聚居模式能够为祖语传承提供语言小环境。老一代华人更倾向聚居的生活方式，新一代华人移民多采取核心家庭和散居的生活方式。

2.语言培育特征

第一，层级化的语言投资。华人家长在语言投资主要体现为购置中文图书、回国学习中文、参加中文补习班。部分语言规划意识强的家长会给子女定期购买中文图书，每日进行中文故事朗读，以锻炼子女的中文听说能力，进行词汇释义，丰富中文词汇量。相当一部分家长选择将华裔子女送回国内由祖辈养育并接受幼儿园和小学阶段的教育，这种家庭在子女中文学习上的经济投入相对较高。因工作原因无法给予孩子长时间陪伴的家长更倾向于让子女参加中文补习班[②]，学习中文或粤语。部分家长认为周末中文学校每周 2—4 小时的时间也难以真正提升祖语水平，更多承担扩展华人交友圈的功能。调查发现周末中文学校中开设中文班的数量多于粤语班数量。

第二，阶段性的语言期待。华人家长的语言培育是一个动态性的

① O'Callaghan, C., Kearns, R., Woodland, L., Dharmagesan, G. and Harris-Roxas, B., "Extended Caregiving Arrangements in Families from Chinese Backgrounds: A Qualitative Research Study from Sydney, Australia," *Children and Youth Services Review*, Vol. 145, No.2 (2023), pp. 106-116.

② 英国的中文补习班以周末中文学校和线上私教为主。

过程，会随移民时间线而变化。初到英国的时期父母更加强调子女英文能力的发展，以求尽快适应、融入英国的学校生活。随着移居时间的增长，华人家长对子女语言能力的担忧会再度发生，开始聚焦子女中文水平维持与能力提升。这不仅发生在子女在英国出生且从未回国生活过的华人家庭中，也发生在子女在中国出生、青少年时期跟随父母前往英国的华人家庭中。例如：

S4："儿子在英国出生，英文没问题后又担心他讲不好粤语。"

S7："孩子们来这差不多两年时，英语说得很流利，我就希望加强一下中文学习。"

第三，祖辈柔性的语言规训。在三代乃至多代的华人移民大家庭中，祖辈普遍退居语言培育幕后，并不直接干涉父母的语言培育进程。英国的华人父母倾向采取显性规约的形式，从小设立语言契约，培育子女的语言惯习，例如"在家中说中文"等。祖辈和孙辈之间建立语言联系似乎成为一条家庭语言培育的中的显性规约。无论父母还是祖父母均不想漠视孙辈祖语传承难以维系的情况滋生。有趣的是，为了照顾孙辈的语言习惯，祖辈也会调适自己的语言。整体而言，祖辈在培育孙辈中文能力上发挥了不可忽视的重要价值。在祖语传承中祖辈为培养新一代发挥余热也是国际通行惯例。20 世纪 80 年代，新西兰推行"语言巢"计划，同样强调祖辈将祖语传承给孙辈，打造一种沉浸式毛利语幼儿教育项目。例如：

S1："让儿子学中文就是希望他能和爷爷奶奶沟通，而不是满口英文。"

S4："以前只会粤语，小孙子只会中文，为了和他沟通也学会讲中文了。"

四、英国华裔儿童家庭场域中文学习的困境

学习兴趣缺失和社会语言环境支持不足是英国华裔儿童中文学习的困境。中文学习没有和儿童兴趣建立联系，家长单方面的压力、语言期待往往适得其反。课堂外接触到的部分中文动画和书籍内容无趣、叙事生硬也是儿童抗拒学习中文的原因之一。英国华人在总人口比例仍然占绝对少数，伴随着华裔儿童年龄增长、社会化程度提升，生活中的中文输入一定是呈下降趋势。朋辈中文能力的薄弱也使其无法从家庭以外获得语言支持，容易陷入语言孤岛。华裔儿童还缺少来自学校课堂与社会环境的泛在汉字、俗语、诗句输入，中文语言技能发展存在失衡趋势。此外，英国华人散居的分布格局、核心家庭的生活方式以及较少参与华人社团活动的习惯也压缩了中文使用空间，是造成中文学习困境的因素。

五、英国华裔儿童家庭场域中文学习的对策

家庭是华裔儿童中文学习的最佳场域，华人家长是祖语赓续的中坚力量，全方位介入子女中文学习进程。家长决策在华裔子女幼年时期语言惯习培育、语用能力发展中发挥着标定航向的重要作用。在综合考量可行性与影响英国华裔儿童习得中文因素的基础上，旨在从亲子关系、学习自驱力与语言规划的视角探析家庭空间内构筑和谐语言生活，促进华裔儿童中文学习的教育智慧。

（一）维持融洽的亲子关系

融洽的亲子关系是确保家庭教育产生正向效果的前提，是子女语言学习的基础。在本研究涉及的案例中，亲子关系较差的家庭，由于家

长与子女之间缺失沟通，难以形成双向理解与认同，进而导致了亲子之间的疏离感，使得家长在中文学习上的要求形同虚设，华裔儿童语言学业表现难以为继。究其原因在于华人家长所代表的中式价值观与华裔儿童所代表的西式价值观发生了冲突。华裔子女的中文学习同样存在一种差序格局，亲子沟通—亲子关系—语言培育是家长促进华裔子女中文学习的线性阶段。华人家长应该汲取《老子》的哲学理念，正所谓大直若屈，大巧若拙，亲子沟通应避免正面矛盾冲突，采用照顾自尊、迂回间接的方式。沟通是亲子关系的基础，华人家长应建立一种彼此尊重的、沟通式的亲子关系，而不能是一言堂或家长绝对威严。亲子关系是语言培育的润滑剂，华人家长在语言教育中要充分了解子女秉性的基础，秉持一种建议、引导、迂回式的方略，切不可命令、说教，甚至发生正面冲突，其效果适得其反。

(二)达成语言使用契约

当华人家庭内部建立了亲密的亲子关系时，家长与子女的沟通成本显著下降，华人家长向华裔儿童阐述中文学习的必要性、可行性则更易于接受。鉴于海外中文环境的缺失，家庭中文培育进程中，家长应做好中文环境的构建者和维护者，与华裔儿童达成契约协议，形成家庭空间内使用中文的语言惯习，以真实话语交际作为中文能力发展的培养皿。家庭是移民传承母语的最佳场所，而指望通过官方或学校等途径来保证语言传承是完全行不通的。[1] 华人家长可以在语言使用契约的基础上，进一步设定家庭语言规划，重复考量华裔儿童的个人特质、英国生活环境、家庭的经济条件等因素，为华裔子女的中文学习保驾护航。语言规划需要具备定力，不应因一时一事而轻易改变，持续践行，久久为功。当子女语言学习情况发生重大变化时，更应采取"无动而不

① Romaine, S., "Preserving Endangered Languages," *Language and Linguistics Compass*, Vol. 1, No. 1 (2007), pp.115-132.

变，无时而不移”的应对方式，适时调整语言学习的规划。适切的语言规划需要父母、祖辈和子女在语言选择和使用的问题上充分协商并形成共识。

（三）激发中文学习兴趣

学习科学研究中存在一个经典问题：“人究竟是怎么学习的，怎样才能促进有效地学习？”或许激发华裔儿童中文学习的兴趣是达成有效学习的策略。这离不开家长对中文学习资源的遴选，要采用儿童喜闻乐见的形式，筛选儿童理解度、接受度相匹配的内容素材，挖掘中华优秀传统文化的当代价值，注重介质资源的择取，主动筛选其能接触到的中华文化信息，循序渐进地体验、体味、体悟广博的中华文化。华裔儿童难以维持持续性专注状态，好动且注意力转移的天性，使得家长在传授中文时，力图规避机械性操练与灌输性教学。家长可以采用日常生活、认识世界为主要情境，通过趣味性的语言游戏与媒介资源，拓展华裔儿童人文素养，帮助其形成使用中文获取中国的发展资讯、历史脉络、文化知识的一种生活惯习和祖语赓续自驱力，实现从“家长督学”向“自驱向学”的关键转变。

结　语

中文学习与维系是英国华人家庭语言生活的主旋律之一。中文如同一个操作系统，篆刻着华人的价值理念和人生观念，规训着华人的生活经验和集体记忆。在多元文化和移民浪潮的交叠影响下，英国不再是以盎格鲁-撒克逊人为单一主体的国家，而是成了一个多民族、多语言、多方言、多文字的国度，或许是一种语言财富，也可能引发语言矛盾。与东亚文化圈国家不同，英国几乎不具有儒家文化的历史积淀。英政府出于国家安全与社会安定的考量，在英中文教育会受到地缘政治、意识形态的桎梏。因此，家庭中文学习的目的更须明晰，并非让华裔儿童全面传承中华文化，与住在国划清界限，而是保持祖籍国和住在国之间的一种多元链接，发挥文化传承与文明分享的价值。华裔儿童的中文学习是一个系统工程，亟须高校、海外华校、华文媒体、家庭、华人社区组织形成合力、提质增效，真正使中文成为海外侨胞与祖籍国沟通合作的桥梁和纽带，建立和谐健康的家庭语言生活。